JN059958

本質がわかる・やりたくなる

新 理科の授業

6年

長江真也
宮﨑　亘

子どもの未来社

はじめに

数年前、『植物の体と生活』の単元で、オオバコの体について授業をしました。オオバコの根・茎・葉のつくりを教えた後に「どうしてオオバコは、人に踏まれやすい所に生えているのか」という課題を出すと、子どもたちからは「人が歩く所は日光が当たりやすいから」「川の近くは建物が少ないから日光がよく当たる」「他の植物がいない所は、光合成がよくできる」などの意見が出ました。本書のように『光合成を通して植物を見る』という視点で授業を組み立てると、自然界での植物の体のつくりや生活の様子が豊かに見えると感じた瞬間でした。「先生、帰り道に見つけたカタバミも、葉が重なっていなかった。光合成しているんだね！」と、嬉しそうに話してくれた子もいました。この子にとっては、植物を見る視点が広がったことでしょう。

授業では、「踏まれることで栄養を作っていると思う！」と答えた子もいました。「植物が光合成をして栄養を作り出すことができるなら、そんなすごいこともできるはずだ！」と。残念ながら討論のなかでこの意見はとり下げられましたが、この授業は、オオバコの体のつくりと生活スタイル、そして光合成をするという視点など、これまでの学習や経験をもとに、自分たちの考えを話し合わせて事実を追求するというすてきなものでした。まさに「主体的・対話的で深い学び」です。

他の単元でも同様に、自然科学の基礎的な事実・法則・概念を学ぶことで、自然の事象がどのようなものであるかが見えてくると考えます。また、そうした自然科学の本質にせまる学習は楽しく、子どもたちの知的好奇心をゆさぶります。すると、どんどん自然にはたらきかけるようになり、新たな疑問も湧きます。子どもたちにとって［楽しく・学びのある理科の授業］とは、このような学習を教師が系統的に組み立て、子どもたちの疑問や考えがすっきりと整理されるものではないでしょうか。

新しい教科書では、「電気の利用」でプログラミング教育が組み込まれました。例えば、プログラム用シートとシールを利用した体験的な学習、ソフトを使い画面上の動物に命令をしたりLEDを点滅させたりするプログラム作成など、その内容は実にさまざまです。生活のなかでも「二次元コード」の利用が増え、ブラックボックス化したデジタル社会は今後ますます増加していくことでしょう。小学校の理科では、電気が流れると「発熱・発光する」「磁力を生じる」ことが教えたい本質的な内容です。なので、まずは電気が流れた時のことを学び、発展的な扱いとして、センサーやプログラムなどの効率的なエネルギー利用を学ぶといいと考えます。

近年の学校現場では、教材研究に多くの時間を費やすことが難しい現状があり、さらには「理科を教えた経験があまりない」という声も聞きます。本書を刊行するにあたっては、５社の教科書の内容を検討し、その内容を踏まえたうえで、自然科学の本質を子どもたちが学べる内容を載せました。１人でも多くの方が本書をベースにした授業を実践・研究し、小学校理科教育がますます発展することを願っています。

2020年３月　　　　長江真也

CONTENTS もくじ

第３章●１時間の授業をどのように進めるか

第４章●年間指導計画はこうしたい

第５章●こんな授業にしたい

※ QR コードで動画が見られます。すべて教師向けの実験動画です。
動画…動　　静止画…写
〈掲載ページ〉 p.35, 53, 55, 62, 69, 80, 82, 84, 86, 97, 110, 145

第1章
6年理科で大事にしたいこと

自然科学の基礎的な内容を体系的に

「物質学習」では4年で、物質の一般的な性質（すべての物質のもっている性質）を中心に学び、5年では、物質の多様性（さまざまな物質があること）を中心に学ぶ。6年では、物質と物質のかかわりによって起こること（化学変化）を中心に学ぶように考えている。物質の一般的な性質（共通性）とは、「すべての物は重さと体積をもっている」「すべての物は温度をもっている」「すべての物は、温度によって体積が変わる」「すべての物の存在状態（個体、液体、気体）は、温度によってきまる」ということである。物質の多様性とは、「すべての物は、固有の重さをもち、それぞれの性質をもっている」ことである。そして、たいへん初歩的であるが、6年では、物質と物質がふれあったときに起こる化学的な変化をとらえることへと進める。

「生物」の学習では、生物の特性である個体維持と種族維持の観点で、生物の体と生活をとらえることである。そのうち、種族維持（「生物の繁殖」）は5年で扱い、6年では、個体維持（「生物の体と生活」）を学ぶようにする。

「月・太陽」の学習では、その大きさと広がり、および、地球の自転と公転を学ぶ。

「力と道具（てこ）」の学習では力を得する道具という観点から、まず「力とは？」を学ぶことを重視する。

「土地のつくりと変化」の学習では、自分の住んでいる土地の成り立ちや地面の下の様子がわかることから始め、大地の物質をさぐり、大地の変化や災害の事実を学ぶ。

こうした観点で大事にしたい内容を述べたいと思う。

1．物質は化学変化をする

化学変化の学習は、中学校からでいいと思う。しかし、多様な物質の存在を知ったら、それらの物質がふれあったときに起きる現象のいくつかを扱って、中学での化学変化の学習（分子・原子のふるまいでとらえること）の素地にしたいと思う。

そこで、身近なものである「物の燃焼」「酸水溶液のはたらき」をとりあげることにする。

①物の燃焼

「物の燃焼」では、物が燃えることは、酸素と結びつき新しい物質をつくること（化合）ととらえるようにする。教科書では、木や竹や紙などが燃えると二酸化炭素ができることを扱っている。これだけで、なんの疑問ももたず、疑問が出ても追究せずに終われば、多くの子が、どんな物が燃えても二酸化炭素ができるととらえるだろう。現に、中学生になった子たちに、そうとらえている子が多いと聞く。

「自ら課題を見つける」学習が重視されているが、もし、本当にそういう子たちが育っていれば、「木や紙が燃えたら、なぜ二酸化炭素ができるの？」「燃えても二酸化炭素ができないものはないの？」「燃えたときに二酸化炭素ではない、他のものができるものはないの？」などの疑問がでるのではないだろうか。普通に教科書通りに学習しても、このような疑問が出ていいはずである。それに応えられる学習にしたいと思う。

木や紙などが燃えたときに、二酸化炭素ができることを理解できるようにするために、次の学習をする。

金属を燃やす。鉄や銅などを燃やすと気体を発生しない。酸素と化合して酸化物ができる。酸素と結びついたことは、重さの増加でわかる。

鉄（スチールウール）が燃えて重くなった事実を見ると、「燃やす気体は酸素だから、酸素がくっついた」と考える。スチールウールを密閉した酸素中で燃やすと、酸素の体積が減ったことから、鉄と酸素がむすびついたととらえる。また金属（鉄）が燃えて金属（鉄）でない物になったことも理解できる。

この学習の前提には、「気体も重さと体積をもつ」「酸素中で物がよく燃える」「金属はピカピカ光り、たたいてもくだけずに広がる」などの学習がある。金属については３年生の「電気を通すもの」の「金ぞくさがし」でふれているが、６年生で金属の性質をもう一度確認しておきたい。そこから、鉄と銅の酸素との化合をとらえることができる。

化合の結果、化合物という新しい物質ができる。物の燃焼では酸化物である。

鉄と銅が燃えて、酸化鉄、酸化銅という新しい物質ができたことは、それらが、金属光沢がなく、黒いボロボロになるものであり、電気を通さないことでわかる。これも、３年の金属の学習が役立つ。

さて、こうして、金属が燃えて酸化物（金属でない物）ができることがわかれば、木炭が燃えたら二酸化炭素ができることも理解できる。木炭は炭素のかたまりと教えると、「二酸化炭素ができた」といい、この気体が石灰水を白濁させることを見ると、二酸化炭素だと認める。こうなると、燃えて二酸化炭素ができれば、もとの物に炭素が含まれていたと考えることもできるのである。

このように、「物の燃焼」は、前の学年で学習したことを駆使して学ぶものにしたいと思う。しかし、そのような学習をしていないことも考慮して、本書では指導計画を立てることにする。

②酸水溶液のはたらき

教科書では「水よう液の性質」となっている。それは、水溶液のなかま分けと金属を溶かす水溶液があることを扱うものである。酸性、アルカリ性、中性の水溶液があると分けてみても、あとで使える知識にはあまりならないと思う。

物質学習とすると、水に溶けると酸性の性質を示す酸という物質があることを中心に学習を進めていく。

酸性の水溶液というと、塩酸がよく使われているが、これは気体の塩化水素が水に溶けた物である。塩酸から始めるのでは、酸という物質をとらえるのはむずかしい。そこで、クエン酸、酒石酸という植物からとった酸から始める。次は、氷酢酸という液体の酸、そして気体の酸を水に溶かした炭酸水、次に塩酸へと進めていく。

クエン酸や酒石酸の水溶液で、酸性のはたらきを調べ、液体の氷酢酸も、水溶液にすると酸のはたらきを示すことを見るようにする。水溶液になったときに酸性やアルカリ性の性質を示すのである。それなのに水溶液をつくることを教科書は扱っていない。酸物質は、水に溶けたときに、酸性のはたらきをするのだから「水よう液の性質」というからには、このことを明確にする必要があるだろう。

酸水溶液は、水に溶けない炭酸カルシウムを溶かし、アルミニウムやマグネシウムなどの金属をも溶かしてしまうものであることを学ぶのである。炭酸カルシウムやアルミニウムなどを溶かすというのは、食塩や砂糖を水に溶かすというのとはちがう。例えば、アルミニウムが塩酸に溶けると、気体の水素を発生させ、塩化アルミニウムができる。教科書も、このことを扱っているが、白い粉（塩化アルミニウム）ができたことだけで、水素を扱わない。これは、おかしなことで、子どもたちがまず目にするのは気体の発生で、これは何かと思うだろう。炭酸カルシウムのときは二酸化炭素が、アルミニウムのときには水素が発生することを扱う必要がある。気体の学習が使えるのだ。

こうして、酸水溶液に物が溶けることによって、新しい物質ができるということを明らかにする学習にしたいと思う。

アルカリ性、中性の水溶液については、酸性ではない水溶液という軽い扱いにする。

2．個体維持を学ぶ生物の体と生活

①ヒトや動物の体

動物としての「ヒト」は、「摂取によって栄養分をとり、肺呼吸をする哺乳動物」であると同時に「直立二足歩行をする唯一の動物」ということが大きな特徴である。栄養獲得を学ぶには、生物にとって必要な栄養物質を知ることが必要である。そこで、「生物の体は、主に水とタンパク質、糖質、脂質からできている」という「生物のからだをつくる物質」についてもふれるようにする。

「ヒトの体のつくりとはたらき」では、学習を通して、私たちヒトも動物であることを確かめて進めていきたい。（「直立二足歩行」については発展というかたちで取り入れたい。）

ヒトも動物であるから、生きていくための栄養器官がある。栄養分をとることは口で物を食べることから始まる。食べた物がどこへ行き、どうなるかという、消化管による消化、吸収を初めに学習する。「口に入れたでんぷんは、水に溶けないので、でんぷんを吸収するために、消化酵素で糖に変え、小腸でそれを吸収し、血液に溶かして全身に送る。」といった学習のなかで、消化吸収に関係する胃や小腸のはたらきを理解させる。でんぷんを糖に変える実験を教科書はだ液で行っているが、本書の計画は、消化酵素のジアスターゼを使用し、糖に変化した液体の味を調べたりし、糖であることを確認する。

呼吸や血液循環など資料を使って学習をすることが多いが、実際に体験できることは体験しながら、計画的に資料や読み物を準備していきたい。

②植物の体と生活

生物の生活をみると、栄養をとって生きていること（個体維持）と子孫を残す営み（種族維持）をしている。個々の生物は、外から必要な物質をとり入れ、体内にできた老廃物を体外にすてて、自分の生命を維持している。そして、やがて寿命が終わるので、子孫を残す営みをする。

動物の食べ物をたどっていくと植物にいたる。では、植物は、どのようにして、栄養をとっているのだろうと、「植物の体と生活」の学習に入る。

植物は、光合成によって、自分で栄養をつくって生きている生物、自家栄養生物である。そこで、まず、光合成をしている事実を教え、光合成を駆使して、植物の葉のつけかた、茎の伸ばし方をとらえる。さらに、いろいろな形の植物があるが、それらの生活も光合成によって理解でき、多様な植物の存在もとらえることができる。

たとえば、オオバコは人や車に踏まれそうな場所に多く見られる。これは、オオバコの茎は地中に入っているほどに短いため、背の高い植物が生活しにくい場所が、オオバコが生き残れる場所になるからである。茎がやわらかく細いつる植物は、茎をぐんぐん長く伸ばして、他の植物の上によじのぼり、日光をうばって生きている。また、早春に雑木林で花をさかせるカタクリは、雑木林の木々が葉を広げる前に、地上に葉をだし、光合成をして、花をさかせ、種子をつくるのである。雑木林に葉がしげれば、カタクリはかれ、地下生活に入る。

このように、光合成の「めがね」で多様な植物の存在をとらえることができる学習にしたい。

③自然と人間（生物の一員である人間はどう生きていくか）

学年末には、生物界を中心に、「自然と人間」の学習をする。生物界のしくみを知り、生物の一員である人間は、どのように生きていったらいいかを、ごくごく初歩的ではあるが、考えてみる機会にしたいと思う。体系的に自然科学を学んできた最終の学習ともいえる。

地球温暖化のこと、大気汚染のこと、水質汚染のことなどを、これまで学んだことを使って考えてみたいと思う。

3．電気のはたらきでは、発熱・発光と磁力を

６年では電気のはたらきとして「電気が流れると発熱・発光し磁力を生じる」をとらえられるようにしたいと思う。

５年生で電磁石を使っていると、必ず発熱して、熱い思いをする子が多くいる。そのことも思い出させながら、電気による発熱を扱いたいと思う。発熱がはげしくなると発光する。発熱と発光はいっしょに扱いたい。電球が発光していると熱くなっていることを、あらためて理解した子どもがいた。

電気のはたらきでは、まず、とらえやすい発熱・発光をとり上げ、電気の量が多くなるほど、発熱・発光が強くなることをとらえるようにする。電気という正体のとらえにくいものを、電気が流れれば、発熱・発光そして磁力を生じるということを見ることで、初歩的にではあるが、電気というものが見えてくるようにしたいと思う。

なお、電流という言葉は、電圧、電力などという言葉を学ぶとき（中学）に知るのでいいと思う。電気の流れが電流なのであるから、小学校では「電気」で通していいと考える。

4．力を得する道具（てこのはたらき）

教科書では「てこのはたらき」としてとり上げている。それは、「力×支点からの距離」というはたらきを見つけさせる学習である。これは力のモーメントのことであり、「g力・cm」という単位（物理量）を使うことでありむずかしい。

まず問題なのは、「てこ」は力を得する（小さな力で大きな仕事をする）道具であるのに、力を教えていないことである。

力は目に見えない。バネを引くと伸びるのを見ると、バネに力が加えられたとわかる。止まっていたボールが動きだせば、力がはたらいたとわかる。手に持っていた物を離すと下に落ちるのは、地球がその物を引っぱったからである。机の上の本が動かないのは、本には、地球の引く力と机が本を押し上げる力が同じ大きさで働いているからである。ゴールにけり込んだサッカーボールがはねかえってきた。これは、ボールをネットが押したからである。この時、ネットはボールに押された。両者の力の大きさは同じである。こうしたことが理解できるような力の学習が必要である。

力には大きさと向きがあり、大きさは重さの単位で表すことができる。たとえば10g力、2kg力というように。力の向きは矢印（←）で表される。矢印の大きさで、力の大きさのちがいを表すこともできる。

「てこ」は、力のモーメントで動く。それは回転するはたらきであるので、回転する働きの大きさを見るようにしたい。教科書のように、支点からの距離や力の大きさを個数で表すのでは、回転するはたらきというとらえ方ができない。力の大きさ（g力）×距離（cm）としたい。

力のモーメントを小学生に教えるのはむずかしいと思う。「てこ」は、支点からの距離が遠くなるほど、小さな力で物を動かせるということを中心にしたい。そして、「てこ」を利用している道具を見つけるようにする。

5．大地をつくる物質をさぐる（大地のつくりと変化）

大地の学習として、地層、火山、地震がある。どれもむずかしい内容を含んでいる。ことに、地層の理解はたいへんだろう。近くに地層を見ることのできる露頭がない学校がほとんどだから、なおさらである。

まず、自分が住んでいる場所は、どのような土地の形状になっているのか、屋上から高低や起伏などを見たり、地図で調べたりする。そして、大地をつくっている物質（れき（礫）・砂・泥）を具体的に知る学習をする。れきや砂や泥なら、どこの学校でも、さわって、見て、学習することができる。その後、学校のボーリング資料を利用し、土地のつくりを調べる。近隣の学校のボーリング資料が手に入れば、地層の広がりを考える資料になる。地層は、教科書の写真を利用して知るようにする。水流などの実験で、水の中では重い物ほど先に沈む。沈んだ物のあとにまた沈んだ物があると、先に沈んだ物のほうが古いことなどを理解できるようにする。地層の理解になる。栃木県塩原の木の葉化石を購入して、石を割って化石を採取することもできる。

日本列島は火山列島であり、地震列島でもある。したがって、火山や地震によってできた土地もある。火山や地震によって起きた大地の変化や災害の事実を見ることにする。火山や地震などの自然災害を知ることが、自分たちの住んでいる土地に目を向けさせ、そのできごとから身を守ることを考えられるような学習にしたい。

6．月と太陽
（宇宙の中の太陽・地球・月をイメージする）

地球は自転し、太陽のまわりを回って（公転）いる。昼夜ができるのは、地球の自転による。季節ができるのは、地球の公転による。小学校でも、このことが理解できるような学習にしたい。

月の形の変化は、地球上で見る人と、月と太陽の位置関係による。月は太陽光を反射して光って見える。このことがわかっていないと、月の形の変化を理解することはむずかしい。夜の月の観察だけでなく、昼の月の観察や、理科室で光源などを利用して、月と太陽の位置関係を理解させていきたい。

日食が起きるのは、太陽を月がかくしてしまうからである。この現象を理解するには、月と太陽の大きさのちがい（太陽は月の400倍）と、地球からの距離のちがい（太陽までは月までの400倍）がわかる必要がある。地球・月・太陽の大きさと地球からの距離を教えたい。実際に縮小したモデル実験をすれば、宇宙の大きさも想像できるようになるだろう。

第 2 章

6 年理科教科書はどんな内容か

1. 6 年理科教科書・各社の単元構成一覧（2020 年）

啓林館	大日本図書	教育出版	東京書籍	学校図書
ものの燃えるしくみ	ものの燃え方	ものの燃え方と空気	ものの燃え方と空気	ものの燃え方と空気
ヒトや動物の体	植物の成長と日光の関わり	人や他の動物の体	動物のからだのはたらき	人や動物の体
植物のつくりとはたらき	体のつくりとはたらき	植物の体	植物のからだのはたらき	植物の養分と水
生物どうしのつながり	植物の成長と水の関わり	生き物と食べ物・空気・水	生き物のくらしと環境	生物のくらしと環境
水よう液の性質	生物どうしの関わり	てこ	月の形と太陽	てこのしくみとはたらき
月と太陽	月と太陽	土地のつくり	大地のつくり	月の形と太陽
大地のつくりと変化	水よう液の性質	地震や火山と災害	変わり続ける大地	大地のつくりと変化
てこのはたらき	土地のつくりと変化	月の見え方と太陽	てこのはたらき	火山の噴火と地震
発電と電気の利用	てこのはたらき	水溶液	電気と私たちのくらし	水溶液の性質
自然とともに生きる	わたしたちの生活と電気	電気の利用	水溶液の性質とはたらき	電気と私たちの生活
	生物と地球環境	人の生活と自然環境	地球に生きる	人と環境

2．教科書はどうなったか

(1) ものの燃え方と空気

空気の組成に気づく導入へ

第６学年の理科学習は、どの教科書も「ものの燃え方と空気」（２社は「ものの燃えるしくみ」「ものの燃え方」）で始まっている。

啓林館（以下「啓林」)、東京書籍（以下「東書」)、学校図書（以下「学図」）は、最

初にかまどでまきを燃やしたり、キャンプファイヤーをしたりしている場面を写真やイラストで示している。「啓林」は、「はじめに考えてみよう？」で、まきの置き方のちがいを写真で示し「まきがよく燃えるようにするには、どうすればいいか考えてみよう。」と述べている。学習のめあてでは「ものを燃やして、ものが燃えるしくみについて調べよう。」と目的を示し、「昔から人々は、ものを燃やして食事を作ったり、寒さから身を守ったりしてきました。ものが燃えるためには、何が関係しているのか、調べてみましょう。」と、火を燃やすためになにが必要かという視点に向けさせている。

「啓林」では、まず「ものの燃え方と空気の動き」をとり上げ、缶の中で木を燃やす実験を行い「かんの下のほうにも穴をあけるとよく燃えるのは、空気とどんな関係があるのだろう」と問題を提示している。他の教科書はろうそくに火をつけ、ふたをした広口びんをのせると火が消えてしまうことから、「ろうそくが燃えるときの空気の様子を調べよう」という課題に進んでいる。大日本図書（以下「大日本」）は（底の粘土の一部にすき間を作り、ろうそくに火をつけ、ふたをしない広口びんを置き、火が燃え続けるか観察する。せんこうに火をつけ、煙の動きを見る。）という実験を行う。他の教科書も基本的に同じような実験をしているが、教育出版（以下「教出」）は、ふたをした時にろうそくの火が消えた集気びんを水の入った水槽に入れ、ろうそくが消えた集気びんの中に気体があることを確認し、気体の存在を知らせている。ものが燃え続けるためには、空気が必要だという結論の後、「空気は、窒素、酸素、二酸化炭素などの気体が混じり合ったもの」と教える。

それぞれの気体が明確にとらえられるようになっているか

「啓林」「大日本」「教出」「東書」は、「窒素、酸素、二酸化炭素」の気体の中でろうそくを燃やし、ものを燃やすはたらきがあるかを先に調べている。その後、ものが燃える前の空気中の酸素や二酸化炭素の割合の変化を気体検知管で調べたり、石灰水を使って調べた後、「酸素にはものを燃やすはたらきがある」と結論づけている。

「学図」の「やってみよう」（活用）という発展学習には、酸素と二酸化炭素を半分ずつ混ぜた混合気体を作り、燃え方の違いを見る実験を行っているが、空気が混合気体だと認識するのにはいい。しかし、空気中では窒素が約７８％、酸素が約２０％だから、窒素と酸素の混合気体の実験も入れたいものだ。また、二酸化炭素が石灰水を白くにごらすことは、他の気体と比べていないので、二酸化炭素の特性としてとらえられない。

「学図」は、「ろうそくを燃やしたときの空気の変化をつぶで表すと……」と例示している。窒素と酸素の粒は 79 個と 21 個でほぼ割合になっているがローソクが燃焼後、酸素 4 個減って二酸化炭素が 3 個できているのを、子どもたちはどう思うだろうか。二酸化炭素が炭素と酸素の化合物であることはわかっていないのだ。「教出」「東書」「大日本」もこうしたイメージ図をとり上げているが、扱わないほうがいいと思う。

ところで、「東書」は、実験用気体があるのに酸素や二酸化炭素をつくる実験を行っている。この学習で必要だろうか。二酸化炭素が石灰石に希塩酸を注ぐと発生することを扱うと、木や紙などが燃えて二酸化炭素ができることと混乱がおきるだろう。

物が燃えると二酸化炭素ができる？

どの教科書も「結論」として「ものを燃やすと、空気中の酸素の一部が使われ、二酸化炭素ができる」とまとめている。これでは何が燃えても二酸化炭素ができるととらえてしまうだろう。「啓林」はその後に、「ろうそくや木などが燃えると、二酸化炭素が発生する」と記述し、その下に「理科の広場　鉄が燃える」（発展）としてコラムで、スチールウールを酸素の中で燃やし、二酸化炭素が発生しないことを伝えている。「大日本」は、スチールウールを扱っているが、「酸素の中で金属も激しく燃える」としか扱っていない。

物の燃焼から始める展開ではなく、いろいろな気体を知り、空気が混合気体であることをとらえてから、物の燃焼に進める学習にしたい。

(2) 水溶液の性質

水溶液に何が溶けているかを調べて仲間分け

「大日本」は、食塩水、炭酸水、アンモニア水、塩酸、石灰水を示し、「水よう液にとけているものを取り出してみよう」と始める。とり上げる水溶液が少し異なり、食塩水、重そう水やアンモニア水を出している教科書もある。そして、見た目、においを観察した後、蒸発乾固をして何が残るかを調べている。どの教科書も導入はほぼ同じである。5年生で学習した「水溶液」についての説明「水にとけた透明な液・色がついているが透明・水溶液の水を蒸発させると、水にとけていたものを取り出すことができる」なども「5年で学んだこと」として記述されているので、蒸発乾固の実験に入りやすくなっている。

蒸発乾固の結果、食塩水、石灰水は「白い粉」が残ったが、炭酸水、アンモニア水、塩酸は「何も残らなかった」ということで「炭酸水にはなにがとけているのだろう」という課題に進んでいく。ただ、5年生の「もののとけ方」の学習で「食塩水には塩がとけている」とか「ミョウバン水」でミョウバンを取り出していれば、予想は立てやすい。炭酸水から出てくる気体を石灰水に入れると白くにごることから、炭酸水には気体の二酸化炭素が溶けていることがわかる。「大日本」「啓林」は、「塩酸は、塩化水素という気体が溶けている。アンモニア水はアンモニアという気体が溶けている」と説明している。「教出」だけ、リトマス紙を使った酸性水溶液、アルカリ性水溶液の「仲間分け」を先に行っている。

「教出」以外は、この後、リトマス紙を使って、酸性水溶液、アルカリ性水溶液と「仲間分け」をする。「大日本」は洗剤の表示から、「水よう液には酸性、アルカリ性、中性というものがある」と説明し、リトマス紙の実験に入っていくが、それ以外は、リトマス紙を検査薬として説明している。それ以外にもBTB液、万能試験紙、ムラサキキャベツなどの検査液を紹介している教科書もある。身の回りの酸性・アルカリ性・中性の水溶液を紹介したり、混ぜ合わせると有害な気体が発生し危険な洗剤があることや金属製品に使ってはいけないものもあるなど「理科の広場」（啓林）などで伝えている。

塩酸は塩化水素水溶液

「大日本」の導入は金属のお弁当箱の写真と注意書き「酸性の食品の使用・保存は避けてください。」を載せ、「塩酸に金属を入れると、金属はどうなるのだろうか。」と問題に続けている。「啓林」「学図」は「塩酸の容器にはガラスやプラスチックが使われていて金属は使われていない。」と述べている。「東書」は「酸性雨で変化した銅像」、「教出」は「温泉に金属類を入れないようにという注意書き」が導入になっている。導入としては筋が通っているように思えるが、子どもたちは塩酸が何であるかは知らない。「大日本」「啓林」は、「塩化水素という気体が溶けたもの」という説明をしている。

塩酸で鉄やアルミニウムを溶かし、その液を蒸発乾固し、鉄やアルミニウムではない物になったと教えるが問題がある。１つは、塩酸が水溶液だといえることがおさえられていない。２つめは、塩酸が塩化水素という気体が水に溶けた水溶液であることがわかっていないのに、それに溶けた物をとり出しても、鉄やアルミニウムが変化した物だけだとはいえない。気体が水に溶けた物を蒸発乾固すると水に溶けていた気体はすべてなくなるということが理解されている必要がある。３つめは、鉄やアルミニウムを溶かした液に、まだ塩酸が残っている可能性があるので、蒸発乾固を行うと、気体の塩化水素が出てくる可能性があり危険だ。このことは、どの教科書も注意していない。

ところで、塩酸に鉄やアルミニウムを入れると、気体が発生して金属が溶ける。その結果、できた粉状の物がもとの金属でないことを扱っているのに、発生した気体が何であるかとり上げない。「アルミニウムが溶けて気体になった」と思う子もいる。とり上げない理由は、その気体が水素であるために危険だという考えからであろう。危なくない方法で確認する方法があるのだから扱いたい。

どの教科書も「酸性雨」をとり上げているが十分な理解にはなっていないように思う。水溶液になると酸のはたらきをもつものがあることが理解できる学習にすることが必要だろう。

(3) てこのはたらき

「てこ」とは、どんなもの？

てこの規則性、仕組みやはたらきといっても、「てこ」がどんなものか知らない子がほとんどであろう。それなのに「東書」は、「1本の棒を使って、重いものを持ち上げてみましょう。いちばん楽に持ち上げることができるのはどのようにしたときでしょう。」という説明と写真で学習を始めている。そのあとで「てこのはたらき」というものを教える。「学図」も同様で、「啓林」はバールを使うことをとり上げているが展開は同じである。しかし、「教出」は「棒をある1点で支え、力を加えてものを動かすことができるようにしたものをてこといいます。」と導入で「てこ」について述べている。「大日本」も、「棒を1点で支え、力を加えてものを持ち上げたり、動かしたりするしくみをてこといいます。てこのはたらきを使うと、重いものなどを楽に動かすことができます。」と書いている。このように「てこ」とはどんなものか教えてから、その仕組みやはたらきを調べるようにする必要があろう。

「てこには、支点・力点・作用点という3つの点があります。棒を支えている位置を支点、棒に力を加えている位置を力点、棒がものにふれて力をはたらかせている位置を作用点といいます。」と「大日本」はてこのはたらきを説明し、「力点や作用点の位置を変えたときの手応えを調べよう。」と実験に入っている。どの教科書も同じように学習を進めている。

力を教えたい

「重いものを楽に動かせる」ということは、小さな力で重い物を動かせるということであるのに、「力」とは何かを教えていない。「力」とは物と物とのはたらき合いであって、「力」には大きさと向きがある。「てこ」でも、どちらの向きに、どれほどの大きさの力が働いているかが大事である。

また、力の大きさを重さの単位（g や kg）で表せることも教える必要がある。そうしないと、てこのはたらきの大きさを表すことができない。「啓林」は（理科の広場　力の大きさを数字で表す）で台秤に200g のねん土をのせ、一方、指で200g の目盛りまで押して、「手でおす力は、おもりの重さに置きかえて表すことができます。」と書いている。また、実験用てこを水平につり合わせ、片方はおもり、もう片方は手でおす、引く、おもりをつるすといった写真を使い、「押す力、引く力、おもりが引く力もすべて同じ大きさの力」として扱っている。「東書」「大日本」も同じような扱いである。「教出」は「うでをかたむけるはたらきの大きさ」を「おもりの重さ（うでを引く力）×支点からのきょり」と表現している。しかし、物の重さと力の関係にはふれていない。

「てこのうでを回転させるはたらき」

実験用てこを用いた実験では､「てこのうでをかたむけるはたらき」としている。たしかに「てこ」では「うでをかたむける」ように見えるが、実際には回転しているのである。「てこ」の腕は円を描くように動くのである。だから「回転させるはたらき」というのが正しい。これを物理では「力のモーメント」と称している。力のモーメント＝力×支点からの距離である。回転するはたらきとしてとらえれば、自転車のペダルも、自動車のハンドルも、てこの利用であることがわかる。

てこのこのはたらきを、教科書では「おもりの重さ×支点からのきょり」としている。「おもりの重さ」を「力」として扱おうとしているのは先にあげた「東書」「啓林」だけである。さらに問題なのは支点からの距離を目盛りの数で表していることである。「学図」は「『g』と『cm』で調べよう」をとり上げている。距離はやはりcmで表したい。力のモーメントは力×距離なので、単位はg・cmとなる。この扱いはどの教科書にもない。力の大きさを教えていないのだから当然であろう。力のモーメントを実験用てこを使って見つけだすことはなかなか難しいであろう。

てこを利用した道具では、てこを利用したバール、ペンチ、ピンセットなど以外に「大日本」は「身の回りの輪軸」という資料で輪軸をてこと同じ道具であると紹介している。「啓林」「教出」「学図」も、ねじ回し、蛇口、ドアノブ、自動車のハンドルが輪軸のしくみを利用していることを教えている。

(4) 電気の利用

手回し発電機やコンデンサーを使ってみる……？

今回の改訂で電気を作り出す道具として光電池が４年生から６年生に移動してきた。どの教科書も、手回し発電機や光電池で電気を作り、それをコンデンサーにためて使ってみるという学習になっている。「教出」「学図」「大日本」は､モーターを割りばしや糸で回し、発電をしている実験を発展やコラムで入れ、モーターを回すと発電するということを知らせ、手回し発電機のしくみを教えている。

その後、「手回し発電機の回転の速さを変える」「光電池の光量を増やす」という実験を入れ、「発電機の回転を速くしたり、光電池の光量を増やせば、電気の量が増える」としている。しかし、発電機のしくみも電気がつくられるわけもふれていないので理解させるのは難しい。発電所での発電のしくみは「理科の広場」などのコラムに記述されている。

蓄電池であるコンデンサーの扱いも同様である。蓄電と放電を実験してみるだけである。豆電球と発光ダイオードの点灯時間を比較するのに必要なようである。それは乾電池でもできることであろう。

蓄電の必要性を扱うのならば、太陽光発電で考えさせたらどうだろう。雲や雨の日には、太陽光発電が機能しない。家庭や自動車などに利用した場合に、これでは困る。そこで、天気のいい日に発電して蓄えておく必要がある。そのために蓄電池が必要となることは理解できよう。

光、音、熱、運動などに変換する

学習指導要領に「電気は、光、音、熱、運動などに変換することができること」と示されている。光は豆電球や発光ダイオードで、音は電子オルゴールで、動きはモーターで扱い、熱については電熱線の発熱で扱うようになっている。「電熱線の発熱は、その太さによって変わる」という項目がなくなったので、どの教科書も発熱だけ扱っている。「啓林」「教出」はコラムだけで、実験はない。

なお、どんな導線であっても電気が流れると発熱する。そして発熱がはげしくなると発光する。だから、発熱と発光はいっしょに扱いたい。発熱して熱に強く切れにくいのが電熱線で、発光しやすく熱に強いのがタングステン（フィラメント）である。こういうことを扱うと物質学習にもなるがどうだろう。「東書」は発光も「学びを生かして深めよう」で扱っている。

プログラミング

教科書に紹介されているおもちゃ作りがなくなり、「プログラミングを体験しよう」になった。改定された学習指導要領に「プログラミングを体験しながら論理的思考力を身に付けるための学習活動を行う場合には（中略）〔第６学年〕の「A 物質・エネルギー」の（４）における電気の性質やはたらきを利用している道具があることをとらえる学習など、与えた条件に応じて動作していることを考察し、更に条件を変えることにより、動作が変化することについて考える場面で取り扱うものとする」とプログラミング体験が６年生の内容のとり扱いに入れられたからだ。

「LED を点滅させるためにはどのようなプログラムが必要だろう」（学図）「センサーについて調べてみましょう。読み物」（教出）「プログラミング用シート ＆ シートを使った体験」（啓林館）「明るさセンサーと人感センサーを使った体験」（大日本）「感知センサーの読み物」（東書）と教科書は扱いがさまざまだが、実際に体験させようとすれば、学校予算で備品を揃える必要があるが、電気の学習とは異なっている。

(5) ヒトや動物の体

ヒトも動物も生命維持のために食べる

個々の生物は、外から必要な物質をとり入れ、体内にできた老廃物を体外に捨てて、自分の生命を維持している。ヒトも動物であるから、生きていくための栄養器官がある。そこで食べた物がどこへ行き、どうなるのかを学ぶ。どの教科書も「ご飯つぶをかんでいると、あまく感じるようになります」（東書）とだ液がご飯つぶをどう変化させるかの実験に入る。どの教科書もやり方は多少ちがうが、だ液をご飯粒に入れ、液と水をご飯に入れた液にヨウ素液を入れる実験を行う。ヨウ素反応がないから、だ液の入った液は別の物に変わったという結果になるが、何に変わったのかは資料の説明「でんぷんはそのままでは小腸から吸収されません。消化液は、でんぷんをより小さく分解し、吸収できるような形にしています。ご飯つぶがあまく感じるのは、だ液のはたらきで、でんぷんがあまい別のもの（ばくが糖）に変化したからです」（東書）で、消化と吸収を教えている。（本書は別の方法で実験を行い糖に変化したことまで確認をしている。）「動物の消化管もヒトと同じで１本の通り道になっている」と（東書）は、アジの解剖を資料に入れているが、ぜひ、授業に入れていきたい。

呼吸は肺のはたらきとして学習する

「人は、息をすることによって、体の中で空気中の何を取り入れ、何をだしているのだろうか」（教出）と問題を提起し、気体検知管やデジタルチェッカーを使って呼吸をする前と後のビニル袋の中の酸素と二酸化炭素の量をはかり、「人は、息をすることによって、体の中で、空気中の酸素の一部を取り入れて、二酸化炭素をふくむ息をしている」「体の中に酸素を取り入れ、外に二酸化炭素を出すことを呼吸といいます」（教出）とまとめている。その後、「口や鼻から入った空気は、気管を通って、肺に入り、空気中の酸素は血液に取り入れられ、血管で全身に運ばれ、全身でできた二酸化炭素は、血液中に取り入れられ、肺まで運ばれ、吐き出す息によって体外に出ていく」（啓林）と説明されている。どの教科書も肺での酸素と二酸化炭素の交換が肺ほうで行われている説明を発展でしているが、中学校の内容なので難しいだろう。

栄養分や酸素、二酸化炭素を運ぶ血液を全身に送り出す心臓の動きは、脈拍や聴診器などで調べる。血管のつくりや流れの図を資料に、「血液のはたらきや血液の循環、不要なものは、血液でじん臓に運ばれ、尿として体外に出る」などとまとめられている。この単元は、写真や図、説明文など教科書の資料を上手に使っていきたい。

(6) 植物の養分と水の通り道

葉にでんぷんができている実験だけでいいか

「5年生で学んだこと・種子の中にあるでんぷんで、植物は発芽する・植物の成長には日光と肥料が関係している。」と述べ「植物の成長と日光の関係を見てみよう」と問題を提示している。(大日本) 5年で発芽と成長の学習をしたとしても、植物が葉に日光があたるとでんぷんができると思うだろうか。

日光は、日光浴のように思う子や植物の栄養分は土の中から根が吸収していると考えている子が多い。教科書(大日本)では、吹き出しに「ジャガイモの葉はたがいちがいについていて、日光が当たりやすくなっているね」「発芽と同じように、植物の成長にもでんぷんが必要なのかな」「葉に日光が当たると、成長に必要なでんぷんができるのかな」と言わせて誘導している。他の教科書も同様である。

さて、葉に日光があたるとでんぷんができている(光合成している)ことを確認する実験である。各教科書は、葉の中のでんぷんの検出に、「湯で煮る」「たたきぞめ」「エチルアルコールでの色ぬき」の3つの方法を出しているが、アルコールで葉緑体を溶かしとる方法がいいと思う。

ヨウ素でんぷん反応は、インゲンマメの種子で扱っただけで、でんぷん特有の性質であることを学んでいない。でんぷんそのものの学習がないのだから当然である。葉緑体があってはヨウ素でんぷん反応が明確にならないので、葉緑体を取り除くのだが、葉緑体がアルコールに溶けることを知らないので、手品のようである。光合成の実験には、こうした大きな問題がある。

実験の結果、「日光があたると植物の葉には、でんぷん(養分)ができる」(大日本)とまとめる。このことがわかったとしても、これが植物にとってどんな意味をもっているのかが明確でない。そこで、葉で作られたでんぷんは「夜のうちにでんぷんが水に溶ける糖というものに変えられて、くきの中を通り、植物の体の各部分に運ばれ……成長のための養分として使われるほか、再びでんぷんに変えられて、実や種子、いもなどにたくわえられたりします」という読み物を用意している。

「学図」「東書」「啓林」は、「大日本」と同様の扱いをしている。しかし、「啓林」は、光合成という言葉を教え「光合成では、水と二酸化炭素をもとに、光を使って、でんぷんなどの養分をつくり、酸素を出します」とまで述べている。これは中学の学習内容である。「発展」としてもここまでやらなくてもいいだろう。

植物が光合成によって栄養物を獲得して生きるということは、葉のつき方や茎の伸び方、植物の生活場所などを調べると、豊かな理解になる。光合成の実験で終わらずに、そうしたことを見るようにしたい。

水は、根から葉へ行き、葉からすてられるでいいか

植物の水の通り道（導管）の存在を知る学習は、どの教科書もホウセンカに赤い色水を吸収させて導管が赤くそまることで確認している。根から葉まで水が運ばれ、葉から水が蒸散することも扱っている。

そのまとめは「植物が根から取り入れた水は、根、くき、葉の中にある細い管を通って、体中に行きわたります。葉まで運ばれた水は、水蒸気となって、主に葉にある小さな穴から体の外に出ていきます。このように、植物の体から水蒸気が出ていく現象を蒸散といいます」（教出）のようになっている。そして、どの教科書も気孔の観察も行っている。葉で蒸散している水は、根から取り入れたままの水ではない。土中で水に溶けていた無機物（肥料分）は、吸収され、あまった水である。「根から取り入れられた水」そのものではない。

もう１つ大事なことは、蒸散することによって新しい水が取り入れられることである。新しい水には、必要な無機物が溶けこんでいる。これを取り入れるためにも蒸散は必要なのである。蒸散について、(啓林）では発展で「管のような植物の水の通り道は、水で満たされていて、とぎれることなく、水の柱のようにつながっています。そのため、蒸散が起こると、次々と根から水が吸い上げられ、植物の体全体に、たえず水が移動していくしくみになっています」と書いている。それだけでなく、植物が育つ土（土じょう）についても扱いたい。

酸素と二酸化炭素の交換は？

「植物は、生きていくために、酸素を取り入れて、二酸化炭素を出しています。植物も、空気とかかわって生きています」（啓林）と植物も動物と同じだろうかと課題を提示している。植物に袋をかぶせ、二酸化炭素の量を多くして、日光に当てていると、二酸化炭素の量が減り、酸素の量が増えているという実験の結果から、「植物は、葉に日光が当たっているときには、空気中の二酸化炭素を取り入れ、酸素を出す」（啓林）とまとめている。

（大日本）（東書）（学図）は「生き物とくらし」の別単元で扱い、上記の実験に箱をかぶせ日が当たらないようにし、呼吸の実験も行っている。(大日本）は「植物も動物と同じように、呼吸で酸素をとり入れ、二酸化炭素を出す。植物は日光が当たると、二酸化炭素をとり入れて、酸素をだす」とまとめている。(啓林）（教出）（学図）

は、呼吸については発展学習で読み物としてまとめている。どちらにしても、光合成と呼吸のしくみについては中学校で理解できればいい。

(7) 生物と環境

生物界のしくみが見える食物連鎖の学習か？

どの教科書も「ヒトや動物の体」「植物のつくりとはたらき」の学習の後、「食べ物を通した」「空気を通した」「水を通した」「生物との関わり」を学ぶようになっている。また、最後に「生物と環境」について学ぶ単元がある。

「食べ物を通した関わり」では、5年生から移行した「魚は水中の小さな生物を食べ物にして生きていること」をメダカの食べ物のミジンコなどの観察から進めている。最終的には「植物を食べる動物、また、その動物を食べる動物がいて、生物は「食べる・食べられる」という関係でつながっている」（大日本）とまとめられ、「動物の食べものの元をたどっていくと、日光が当たると養分ができる植物にたどり着く。…生物どうしの「食べる・食べられる」という関係を食物連鎖という」（大日本）と資料で解説をしている。

動物は、自分で養分をつくることができないので、植物やほかの動物を食べて、その中に含まれている養分をとり入れる。このことから、動物の養分は、植物がつくりだしたものといえる」と子どもたちが、気づくような学習にしたい。

「水や空気を通した生物との関わり」では、（啓林）は、「植物と動物では、酸素と二酸化炭素がどのようにやり取りされているか」を図に矢印を書き加え、さらに「水と水蒸気の出入り」を書き加えさせ、「酸素や二酸化炭素は、植物や動物の体を出たり入ったりしている」「水も、植物や動物の体を出たり入ったりしている」「空気も水も、生物が生きていくのに欠かすことができない」とまとめられている。このまとめは、「ヒトや動物の体」「植物のつくりとはたらき」の学習をまとめ直しただけに過ぎない。

地球温暖化や水質汚染、空気汚染など、大きな視点で考える

「生物と地球の環境」（大日本）「自然とともに生きる」（啓林）などの単元名で地球温暖化や水質汚染、空気汚染などまとめ、これから学びを生かしていくかを問うている。（大日本）は「地球上の空気と生物との関わり」「食物連鎖による生物どうしの関わり」を図にまとめ、「生物は水・空気・食べ物を通して、たがいに関わり合って生きています。私たち人も、その関わり合いの中で生き、生活しているのです」とまとめている。食物連鎖では水俣病、大気汚染では四日市ぜんそくや2011年に起きた福島第１原子力発電所の事故による放射能汚染も触れられていないし、資料のなかに原子

力発電所の写真などもない。（教出）は写真で「沖縄の原生林伐採」「東京湾のごみの埋め立て」「海のごみ汚染」「工場の大気汚染」を掲載している。教科書に掲載されている資料を上手に使いながら、人間と自然が、共存・共栄していくためにはどのようにしていったらいいか。１人ひとりが考えをもてる学習にしたい。

(8) 月と太陽

月の表面のようすから

今回の改訂によって、「月の表面の様子は、太陽と違いがあること」という内容が削除され、太陽の黒点画像などが教科書からなくなった。（東書）だけは、太陽の黒点画像が掲載されている。どの教科書も月の表面の画像を掲載し、月と太陽の位置関係を学習することにしている。「月の形と太陽」（東書）とした教科書では、太陽と月の表面のようすを見たあとで、月の形の変化を学習する。月が太陽の光を反射して輝いていること、月の表面には模様に見える凸凹があることを知ってから月の形の変化を見ると、太陽との位置関係で見ることの意味が理解できるだろう。また、いろいろな形の月の表面をスケッチすると、１つの球体が満ち欠けしていることもわかるだろう。

地球・月・太陽の大きさと広がりは、発展ではあるが？

「教出」以外の教科書は、「発展」ではあるが、地球・月・太陽の大きさと地球から月・太陽までの距離を示している。月の形の変化は太陽との位置関係によるが、それを見ているのは地球人である。地球と月・太陽の位置関係も見るようにしたい。月から見ると地球が欠けて見えるのである。その写真も世に出ているので利用したい。

また、地球から月・太陽までの距離を扱うことは宇宙の広がりに目を向けることになる。これに、それぞれの天体の大きさも加えると、日食が起きるわけも理解できるだろう。

もう一歩進めて、地球の自転と公転も扱い、夜・昼や四季が起きるわけも知るような学習にしたい。

(9) 土地のつくりと変化

できるだけ体験させたい！

土地のつくりの学習では、地層や化石を観察しようにも近くに露頭がない学校がほとんどであろう。そこで、どの教科書もきれいな写真を多用している。

「大地のつくりと変化」（学図）では、いずみ市の砂とどろの地層、小田原市のれきと砂の地層、伊豆大島の砂と火山灰の地層を見せて、地層を教える。そして、「身近に地層がない場合」は、学校のボーリング資料の活用を「やってみよう」（どの教科書でも扱っている）としている。学校の土地の下はどんなつくりになっているだろうと、ボーリング資料で調べてみることから学習を始めてはどうだろう。土地をつくっている物を手に取って見ることができ、「実感」できるだろう。また、近隣の学校のボーリング資料を手に入れることができれば、地層の広がりも学習できる。

地層をつくる物として、砂、れき、泥を示すが、それらがどんな物であるかは説明されているが、実際に花だんや砂場などの土や砂をふるい分け、れき、砂、泥が粒の大きさで分けられていること、それらの物で土ができていることをとらえさせたい。火山灰は、火山が近くにある学校にたのめば入手できる。また化石は、栃木県塩原の木の葉化石は販売しているので購入して、石を割って化石を採取することも体験できる。

土を流水で流して地層のでき方を考える実験は、どの教科書でも扱っている。こうして、できるだけいろいろな実物にふれて学習できるようにしたい。

日本は自然災害が起きやすい

学習指導要領では、「土地は、火山の噴火や地震によって変化すること」を目標とし、（内容の取り扱い）では「自然災害についても触れること」と書かれている。「土地のつくりと変化」に自然災害もまとめて１単元にしている（大日本、啓林）と、「地震や火山と災害」といった別単元にしている（教出）（東書）（学図）に分かれている。どちらにしても、火山噴火、土石流、地震の被害、関連して津波被害や液状化現象などが書かれている。「私たちの住んでいる土地」という視点で「防災マップをつくろう」（啓林）という活動も載せられているが、学習を自分たちの住んでいる土地に目を向けさせる活動に発展させていきたい。

（10）読み物（資料も含む）

前回からどの教科書にも「発展」が加えられ、読み物が多くなった。今回は読み物が分類された。『たのしい理科６』（大日本）では、「資料りかのたまてばこ」「TRY 深めよう」「Science WORLD（「発展」）」と３つに分類される。中を見てみよう。「りかのたまてばこ」…「空気のあるところとないところで木を燃やしてみよう」「ものを燃やす私たちの暮らしと環境」「昔からの鉄づくり」「気体発見の歴史」「ジャガイモの葉のでんぷんをとり出そう」「いろいろな動物の呼吸」「いろいろな動物の消化管」「いろいろな植物の水の通り道を調べよう」「生物の体が必要とする水」「宇宙での仕事」「においのある水よう液」「ほかの水よう液も金属をとかすかな」「化石からのメッセージ」

「火山活動や地震による被害」「火山や地震の被害に備えよう」「てこを使うと地球を動かすことができる」「上皿てんびんとてんびんの歴史」「身の回りの輪軸」「電気の利用」「電気をためる技術」「電気の使い方と地球の資源」「私たちが利用できる水はどれくらいあるの」「水を守る森を大切にしよう」「私たちを守る水」「地球温暖化」「博物館や科学館を利用して環境について考えよう」。

「TRY 深めよう」…「燃やす前と後の空気の変化を図にしてみよう」「二酸化炭素を水にとかしてみよう」「何性かをいろいろなもので調べてみよう」「私たちの住む土地のでき方を調べよう」「つり合いを利用したおもちゃを作ってみよう」「風力発電機を作ってみよう」「プログラミングを体験してみよう」。

「Science WORLD」（中学で学ぶことの発展）…「葉で作られたでんぷんはどこへ行く」「肺のつくり」「心臓の役割」「養分のゆくえ」「消化管の長さ」「蒸散の利用」「宇宙のこと、もっと深く知ろう」「変化しにくい貴重な金属」「酸性とアルカリ性の水よう液を混ぜると」「変形する地層」「生物どうしの関わり」「太陽の光のめぐみ」。

「りかのたまてばこ」は資料、「TRY 深めよう」は作業や理科工作的な活動が書かれている。授業で扱うかどうかは指導計画のなかで考えていくことが大事である。（発展）については、学習指導要領の「教科の目標」「（２）観察、実験などを行い、問題解決の力を養うこと」の中に「…中学校における学習につなげていくことも留意する必要がある」とあるため、とり上げられている。児童に十分理解できない内容でもある。これらをどう扱うかは教師の指導計画の課題となろう。

第３章

１時間の授業をどのように進めるか

１．教科書では

新学習指導要領（2017年３月告示）（以下学習指導要領）が２０２０年度から完全実施された。理科の場合、学習内容に大した変化はないが、今回は子どもたちが何を学ぶかという学習内容を示すというよりも、教師の教え方、子どもの学び方や身に付けるべき態度などがこと細かに書かれるようになった。その結果、どの教科書にも「学び方」や「見方」がパターン化され示されるようになっている。また、学習指導要領解説（2017年７月）（以下学習指導要領解説）（第４節第６学年の目標及び内容）では、「特に、本学年では、学習の過程において、自然の事物・現象から見いだした問題について追究し、より妥当な考えをつくりだすといった問題解決の力を育成することに重点が置かれている」と「より妥当な考えをつくりだす」が６年生の問題解決の方法の重点として書かれている。教科書も、以上述べたような内容で授業を進めるように作られている。

どの教科書も、初めに「理科の学び方」「学習のステップ」など学習の仕方を説明しているページがある。『たのしい理科６』（大日本）では、「（１）みつけよう：①問題を見つけよう（２）調べよう：②予想しよう（予想）③計画を立てよう（計画）④調べよう（観察・実験）⑤記録しよう（結果）（３）伝えよう：⑥考えよう（考察）〈②をふり返ろう〉⑦まとめよう（結論）」という展開である。そして、「考察」のところに「６年の学習で特に大切なところです」とコメントを入れ、問題解決の重点を意識させている。また、「話し合いのしかた」として「・自分の意見をわかりやすくはっきり説明しよう・考えた理由を説明しよう・友達の意見は最後までしっかり聞こう・わからないことは質問しよう・自分とちがう考えでもまちがいと決めつけないで、じっくり聞こう」とアクティブ・ラーニングなども意識したのか、わかりきったコラムも掲載されている。このようにどの教科書も、考察が重点だとわかるように説明をしたり、学習展開に合わせたノートの書き方がとり上げられたりしている。

教科書を使って学習を進めていけば、問題（課題）を自分たちで作り、学習の展開も自分たちで考えるような筋書きになっているのだが、実際は、吹き出しにヒントが書かれ、どんな観察や実験をするかも決められている。結果や考察、結論も教科書に書かれているのだから、「何も考えなくても、教科書に書いてあることをノートに書き、覚え、テストを受ける」という学びのない学習になってしまうのではないかと心配になってくる。

科学の方法としては、問題を見つける→仮説を立てる→実験・観察をする→結果を考察する、という流れがある。それにそった学習展開にしようとしているのであろう。しかし、子どもたちの学習は、科学者の方法と根本的に違うところがある。科学者は未知なるものを明らかにしようとするが、子どもたちは科学者が明らかにしたモノやコトを学ぶのである。したがって学習問題は、学びとらせたい内容を獲得できるように教師が作るのが当然である。この１時間で何を学習するかは、教師は知っているが子どもたちは知らないのだから獲得した知識や技能を使って学習を広め、深めるように展開する指導計画を立てるのが教師の仕事である。

問題解決の方法（実験や観察の方法）を考えるのも子どもたちには難しい。その問題解決にもっとも適した方法である必要がある。学習が進んで、ここは方法を考えさせたい、考えられるだろうと思う時に行うのがいいだろう。

学習問題を把握したら、どう考えるか、１人ひとりが考えを出し合って話し合うのはいい。しかし、考える内容を指示するのはどうだろう。教科書にはそのための吹き出しが多い。学習問題を示しただけでは、考えることができない、難しいのではと思いヒントで与えるというのであれば、それは学習問題が適切でないのである。

また、既習内容を使って考えるように指示することもしている。既習内容を思い出すということは、獲得した知識・技能を駆使することで、大事なことである。しかし、これはどうだ、あれはこうだと、考える内容を示すのはどうだろう。獲得した知識・技能を使って考えるような学習問題を設定することが重要である。

子どもたちの考え方を方向づけるために、吹き出しを多用するのには問題があると思う。もっと自由に考えさせ、既習事項をどれだけ使える子に育っているかを検証すればいい。それを授業の創造に役立てたい。

2．わたしの授業づくり（「ものの燃え方」を例に）

(1) 到達目標を明らかにする

子どもたちに、何をとらえさせたいか、その内容を明確にしておくことが、まず、必要なことである。そこで、到達目標、具体的内容というかたちで、整理をする。

「ものの燃え方」では、到達目標は、「1、空気はちっ素や酸素などの混合気体である。」「2、物が燃えるとは、酸素が結びつくことである。」とする。

１つ目は「空気は物である」ことや「空気は、酸素、窒素、二酸化炭素などによる混合気体」であることや「それぞれの気体の性質を理解すること」を目標とする。教科書でも、「窒素や二酸化炭素、酸素の中で火を燃やすとどうなるか」と扱っている。これを理解するための具体的な内容は、「①空気には体積と重さがある②気体の１Ｌの重さは、窒素が約 1.2g/L、酸素が約 1.4g/L、二酸化炭素が約 2g/L である。③酸素中で物は激しく燃え、二酸化炭素や窒素の中では燃えない。④二酸化炭素を石灰水の中に入れると、白く濁る。⑤酸素と二酸化炭素の混合気体では、酸素も二酸化炭素もそのままで存在している。⑥空気は、窒素が約 4/5、酸素が 1/5 の混合気体である。」である。

２つ目は、「物が燃えるとき、そのものに酸素が結びつく」ことを目標としている。これを理解するための具体的内容は、「①金属が燃えると重くなる。②木炭が燃えると、気体の二酸化炭素ができる。③イオウも気体になって燃え、二酸化イオウができる。」である。教科書は、ロウソクや木などの植物体しか扱っていないので、子どもたちは、物が燃えると二酸化炭素が発生するとしか考えなくなってしまう。

(2) 教材選択と学習課題づくり

具体的な内容を明らかにしたら、それをとらえるのに、もっともいい教材を選ぶ。例えば、「２-①金属が燃えると、重くなる」では、「金属の性質を確認する（たたくと延びる、金属光沢／電気を通す）／金属のマグネシウムを燃やす／スチールウールを空気中で燃やし、燃やす前との重さの比較をする／燃えた後も金属か調べる／スチールウールの変化した物」などとなる。

教材が決まれば、それを使って、目標を獲得するための学習課題を考える。ここにあげた学習では、物の燃焼とは、物に急激に酸素が結びつき、別の物質に変えることだということなので、金属の性質を確認する。実際に金属のマグネシウムリボンやスチールウールを燃やした後に、「スチールウールが燃えた後、重さはどうなるだろう」という課題を出し、燃えた後、別の物質に変化したかを重さで調べるようにする。出入りが無い限り重さの変化はないことは、今までの既習事項なので、それを使って考える。「燃やしたあとのマグネシウムは金属だろうか」「酸素がくっついたのだろうか」と授業の流れができてくる。

このように学習課題は、次々と学習が深まるように配列することが大切である。それは、子どもたちの認識の順次性を考えたものにする。

課題づくりでは、なるべく現象を問うようにし、その原因を考えさせるようにしたい。課題は、子どもたちにとって学ぶ必然性があり、わかりやすく取り組みが可能なものでなければならない。

(3) 1時間1時間の授業をつくる

1時間の授業は、全体の中にあるように、単元全体が系統的に組織される必要がある。既習内容を駆使して、新しい課題に取り組むようにすると、子どもたちにも、学ぶ価値が見えてきて、意欲的になる。

1時間の授業の展開は、学習集団の力で学習内容を獲得できるようにする。それは、次のような流れである。

●課題をとらえる。

教師が具体的に提示し、課題のわからないところは質問させる。

●〈自分の考え〉を書く。

学習課題を把握したら、自分はどう考えるかを書く。迷っているときはその迷いを書けばいい。まったく見当がつかないということがあってもいいことにする。学習が進むと次第に書けるようになる。

●自分の考えを出しあって討論する。

まず、迷っている考えがあったら、発表させる。そして、少数意見から発言するようにする。この原則は、いつも同じである。それぞれの考えが出そろったら、質問や反論をさせる。〈自分の考え〉を書いているときに机間巡視して、どの子がどんな考えをもっているかをつかんでおけば、大事な考えを発表させることも、討論をしくむこともできる。

「討論をしたことによって、自分の考えを見つめなおしたり、新しい考えを発見したりできて楽しい授業だ」という感想があった。このように思える討論をさせたい。よく聞きとろうとする聞き手、わかってもらうように努める話し手が育つ。

こうした学習集団づくりが重要である。討論することで、何を明らかにすればいいのか、どのような方法がいいのかが明確になるようにする。

●〈友だちの意見を聞いて〉を書く。

討論によって、自分の考えを再構築させる。よりしっかりした考えにしたり、考えを変えたり、迷いから考えがもてるようになったりすることになる。

友だちの意見は、自分にとっての情報である。それを受けとめ、自分はそれにたいしてどう考えるのか吟味し、整理しなければならない。そういう能力を身につけることにもなる。「うん、なるほど」「えっ、それちがうんじゃない」「よくわからないな」などと、心で応答しながら聞くようにしたい。

●実験・観察をする。

実験・観察は、自分の考えたことの確かめである。だから、教師実験でも、グループ実験でも、自分にとって重要なものとして見たり、行ったりすることができる。目的が明確になっておれば、結果の考察も各自ができる。

●〈実験したこと・確かになったこと〉を書く。

実験・観察や調べることなどが終わったら、その内容と、自分にとって確かになったことを書くようにする。自分のことばで綴るのである。

「実験の結果」というと、本当に「結果」だけで、それがどのようにすることで明らかになったのかを書かない子が多くなる。そこで「実験したこと」とした。それに自分にとって「確かになったこと」を加えると、どんな思いで、どのようなことをして、その結果、自分にとって確かになったことは何かを書き綴り、その子の学習記録ができあがる。

以上のようにすることで、子どもたちは、学習を自覚し、主体的に取り組み学習内容をしっかりと学びとることができる。このように学習を定式化することで、子どもたちは学びやすくもなる。

3．1時間の授業

それでは1時間の授業をどう進めたらいいか、例をあげて示すことにする。

物の燃え方の授業（いろいろな気体の学習の後）

第7時　鉄（スチールウール）が燃えた時

【ねらい】鉄が燃えるとき酸素がくっつき、燃えた後は重くなる。

前時までは、それぞれの気体の性質、空気は混合気体であることを学習している。本時からは、「物が燃えることは、酸素と結びつき新しい物質をつくる」ことをとらえる学習に入っていく。

準　備

教師実験用　・金属の物（くぎ、鉄板、銅板など）　・マグネシウムリボン
・スチールウール　・上ざらてんびん　・粘土　・燃焼皿
・アルミホイル　・ライター　・ピンセット　・集気びん　・水槽
・実験用酸素ボンベ　・燭台　・トレー　・豆電気テスター

展　開

① 児童を教卓に集め、金属の性質について確認する。(学習していなければ、実際に見せる）・金属光沢がある　・たたくと延びる　・電気を通す

② マグネシウムリボンを燃やして、金属も燃えることを見せる。
・金属光沢や電気を通すかの確認をする。
・明るい光を出し、激しく燃える。

③　スチールウールも金属であることを確認し、火をつけて、息を吹きかけると、チリチリ燃え、黒い固まりになる。

・上皿てんびんに新しいスチールウールをのせて、粘土とつり合わせた後に課題を出す。

※質問があるかを聞き、質問がなければ、席に戻り課題をノートに書かせる。

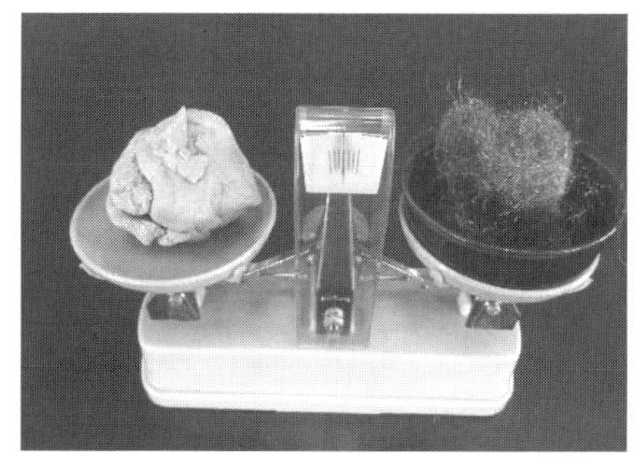

④　課題を板書する。

板　書

〔課題８〕
スチールウール（鉄）が燃えた後、重さはどうなるだろう

⑤　ノートに課題を書いた後、〈自分の考え〉を引き続き書かせる。

※教師は、子どもたちのノートを見て回り、子どもの考えを把握しておく。

⑥　どの考えの子が何人いるか挙手をさせて調べ、人数を板書する。（意見分布をとる）

板　書

	発表前		討論後
変わらない	（　６　）人	→	（　１６　）人
重くなる	（　０　）人	→	（　１　）人
軽くなる	（　１６　）人	→	（　６　）人
見当がつかない	（　１　）人	→	（　０　）人

⑦　〈自分の考え〉を発表する

見当がつかないという子がいたら、その子の意見を聞き、次に人数の少ない考えから順に発言できるようにする。「見当がつかない、迷っている」の理由には、その時間に考えさせたい内容が含まれていることが多いからである。また、少数意見から発言させるのは、少数意見でも言いやすくするためである。

（見当がつかない）

Ｃ：小さくなったから軽くなったかもしれないが、物の出入りがないからそのままかもしれない。

（変わらない）

Ｃ：物の出入りがないから変わらないと思う。

Ｃ：燃やした後、ばらばらになったけど、３年生の時、せんべいをばらばらにした時も重さは変わらなかったから、変わらないと思う。

（軽くなる）

Ｃ：燃やしたカスが小さくなったから、軽くなると思う。

Ｃ：木を燃やすと軽くなるから、軽くなると思う。

C：火の粉と一緒に飛び散ったから、軽くなると思う。

⑧　討論

※初めの考えを発表した後、それぞれの考えをもとに討論する。

C：軽くなるから変わらない、に質問。燃やすとせんべいをたたきつぶしてバラバラにするのはちがうと思う。

C：結局はバラバラになっているので、せんべいの時と同じではないか。

C：性質は違うけれど、出し入れはないので同じではないか。

C：変わらないから軽くなるのHさんに質問。燃やして小さくなったと言ったが、空気が外に出て小さくなったので重さは変わらないのではないか。

C：空気には重さがあるのだから、もし空気が外に出て行ったとすれば、軽くなると思う。

C：燃えたら何かがなくなると思うので、軽くなると思う。

C：同じで、スチールウールを燃やすと溶けるので、物の出入りがあるということで軽くなると思う。

討論をすることで、自分の考えを見つめ直したり、新しい考えを発見することができる。討論することで、何を明らかにすればいいのか、どのような方法がいいのかが明確になってくるようにする。

⑨　〈友だちの意見を聞いて〉を書く。

討論によって、自分の考えを再構築させる。よりしっかりした考えにしたり、考えを変えたり、迷いから考えがもてるようになったりすることになる。ノートに書いた後、もう一度考えを挙手させて聞き、意見分布をとる。そして、考えが変わった子にはその理由を発表させる。※討論後の人数参照。

C：軽くなるという考えを変えない。燃えたらスチールウールは燃えていると思うので、軽くなると思う。

C：軽くなるから変わらないに意見を変える。Hさんたちが出入りがない限り重さは変わらないと言っていたので、私もそう思ったからだ。

C：軽くなるから変わらないに変える。K君のせんべいを細かくしても重さは変わらなかったという意見で、変わらないと思う。

C：軽くなるから変わらないに変更する。燃えて空気が出て縮んだだけなので重さは変わらないと思う。

C：軽くなるから重くなるに変えたい。気体がスチールウールの周りにくっついたら重くなると思うから。

⑩　実験

実験・観察は、自分の考えたことの確かめである。だから、教師実験でも、グループ実験でも、自分にとって重要なものとして見たり、行ったりすることができる。目的が明確になっていれば、結果の考察も各自ができる、今回は教師実験。

教師実験

❶ 机の上にアルミホイルを敷いて、ピンセットではさんだスチールウールに火をつけ息を吹きかけて燃やす。

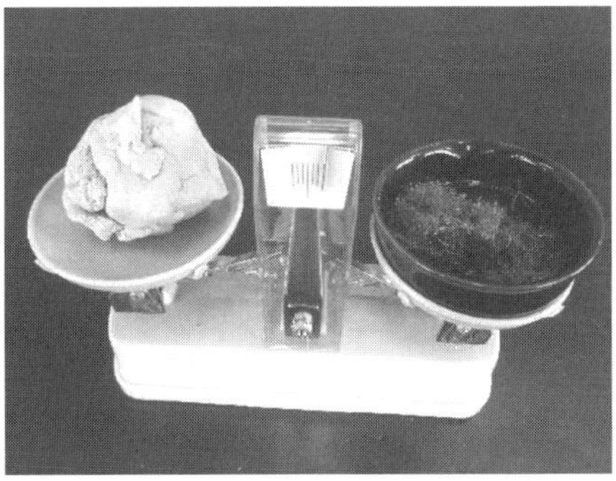

❷ 燃やしたスチールウールと燃えて散った燃えかすを燃焼皿に入れて、上皿てんびんにのせて、確認する。

❸ てんびんはスチールウールの方に傾き、燃やす前よりも、重くなっている。

Ｔ：重くなったということは、ＹＫ君が言ったように何かがくっついたということだね。

Ｃ：酸素がくっついたんじゃないかな？」

Ｔ：燃えてできた物は何だろう？鉄のままかな？

❹ 豆電球テスターを使って電気を通すか調べてみると、電気を通さなかった。

Ｔ：鉄ですか？

Ｃ：電気を通さないから、鉄ではない。　Ｃ：ボロボロしている。

Ｃ：金属光沢もない。

Ｔ：鉄に何かが結びついて、鉄ではない物になった。何がくっついたのかな。

Ｃ：空気の中の酸素じゃないかな。

Ｔ：鉄を燃やした時に酸素とくっついたから、これはなんと言えばいい？

Ｃ：酸素鉄？　Ｃ：酸鉄

Ｔ：酸素と鉄が結びついた物だから、酸化鉄と言います。鉄とはちがう物になったのです。

⑪ 付け足し実験をする。

物が燃えるとその物に酸素が結びつくことをもっとはっきりさせるために、次の課題を出す。※ここでは、自分の考えなどはノートには書かない。

課題 **酸素の入った集気びんの中でスチールウールを燃やすと、中の酸素は減るだろうか。**

つけたしの実験 STEP UP!

❶ 集気びんに水上置換で酸素を取る。

❷ 水を張ったトレーの中に燭台を置き、そこにスチールウールをつける。

❸ スチールウールに火をつけた後、酸素の入った集気びんをかぶせる。

❹　トレーの水が集気びんの口から中に上がってくる。

T：なぜ水が集気びんの中に入ってきたのか？

C：集気びんの中の酸素が減ったから、集気びんの中に水が入ってきた。

C：スチールウールが燃えた時に、酸素がスチールウールにくっついて体積が減ったから水が入ってきた。

酸素中でスチールウールを燃やす動画

⑫　実験したこと、確かになったことをノートにまとめる。

実験や観察や調べることが終わったら、その事実と、確かになったことを自分の言葉で書くようにする。教科書では「結果」「考察」というところになる。

ノートに書かせたいこと

まず、スチールウールとねん土を上皿てんびんを使ってつり合わせ、次にスチールウールを燃やしました。スチールウールを燃やすと体積は小さくなったけれど、つり合わせてみると、スチールウールの方がねん土より重くなっていて、これはスチールウールが燃えたことによって、酸素がくっついた分、スチールウールの重さが重くなったからだとわかった。

付け足し実験では、水上置換をして集気びんの中に酸素を入れて、水の入ったトレーの上でスチールウールを燃やしているところにかぶせた。すると、スチールウールは酸素の中ではローソクと同じで、空気中よりも強く燃えた。そして、スチールウールが燃えると酸素がつくので、集気びんの中の酸素がへり、水位が上がった。

このことから、スチールウールは燃やすと酸素がついて酸化鉄となり、酸化鉄は金属ではなく、電気も通さないとわかった。そして、酸素がくっついたので、燃やす前よりも重くなっているとわかった。

⑬　ノートの発表

ノートを書き終えた子２～３人に発表させる。初めは何を書いたらいいかわからない子もいるが、発表を聞くと、だんだん書けるようになっていく。この１時間みんなでどんな学習をして、どんなことが自分たちの獲得した文化となったのか、確認し合える時間になってくる。

第4章

年間指導計画はこうしたい

教科書の内容をおさえることを心がけながら、子どもたちが学ぶに値する内容に組み替えて年間指導計画を作った。

「ヒトや動物の体」の前に、教科書にはまったくないが、生物体をつくる主な物質を教えられるように「生物の体をつくる物質」（⇨ p.58 参照）というコラムを設けた。また、「ヒトの体」の学習の後に発展学習として「ヒトは直立二足歩行する」というヒトらしいヒトの体を知る学習も入れてある。

「生物どうしのつながり」「生物と地球環境」と教科書では、1学期と3学期に分けて扱っているが、1つにまとめて「自然と人間」の新しい単元を設けた。学校の状況に応じて、2回に分けて指導計画をたてるなど工夫をしてほしい。

教科書が1冊になっているので、単元の組み替えはしやすい。「月と太陽」の単元は、月の満ち欠けや星座など、観察のしやすい時期に移動させてもいい。

理科の年間時数は105時間であるが、発展学習も入れて92時間として年間計画を立てた。予定通り進まない場合、評価テストなどのことも考え、予備の時間を取るようにした。

6年理科　年間指導計画案（92時間）

月	単元名（時間）	学習活動の内容
4	1　物の燃え方（12）	A　空気（気体） (1)（2）空気の体積と重さ (3)（4)（5）いろいろな気体の識別 　①二酸化炭素とちっ素 　②酸素とブタン (6) 酸素と二酸化炭素の混合気体 (7) ちっ素と酸素の混合気体（空気） B　物の燃え方 (8) 鉄（スチールウール）が燃えた時 (9) 鉄や銅が燃えてできたもの

月	単元名（時間）	学習活動の内容
5		（10）木炭が燃えてできたもの （11）（12）ろうそく、木、でんぷんやササミなどの燃焼 ・イオウの燃焼
6	2　ヒトや動物の体（6） 発展学習を入れて（12）	A　ヒトや動物の体（6） （1）（2）消化器官 ・消化管 ・でんぷんの消化実験 ○栄養分をとるしくみ（コラム） （3）血液の循環 ・心臓 （4）腎臓と尿 （5）肺と呼吸 （6）臓器とはたらき B　ヒトの骨格と脳（発展学習）（6） （1）ヒトは直立二足歩行する動物 （2）ヒトとサルの足 （3）ヒトとサルの骨盤 （4）ヒトの背骨 （5）ヒトの手 ・チンパンジーとの比較 （6）ヒトの頭
7	3　植物の体と生活（13）	A　光合成 （1）（2）植物の栄養は？ ・葉にでんぷんがある （3）緑の葉と日光 （4）アカジソの赤い葉 B　光合成と葉・茎 （5）葉のつき方 （6）茎の役割 C　光合成といろいろな植物

月	単元名（時間）	学習活動の内容
		（7）（8）オオバコの体と生活 （9）シロツメクサの体と生活 D　植物と水 （10）植物の根 （11）（12）水分や栄養分を運ぶ （13）植物が育つ土
9	4　月と太陽（5）	A　自転と公転 （1）地球の形 （2）昼と夜がおきるわけ （3）季節によって見える星座 B　天体の大きさと距離 （4）地球の衛星「月」 （5）日食がおこるわけ
10	5　水溶液の性質（12） 発展学習を入れて（13）	（1）クエン酸の性質 （2）酒石酸の性質 （3）酢酸と酢酸水溶液 （4）（5）気体が溶けた酸性の水溶液（炭酸水） （6）塩酸の性質 （7）塩酸と金属1（マグネシウム） ・水素の発生 （8）塩酸と金属2（マグネシウム） （9）塩酸といろいろな金属 （10）アルカリ性の水溶液、中性の水溶液 （11）（12）アルカリ性、中性、酸性の水溶液
11	6　私たちの住む土地（10）	A　土地のつくり （1）地形 （2）花壇の土 ・れき、砂、泥 （3）学校や土地のようす

月	単元名（時間）	学習活動の内容
		・柱状図 （4）地層のでき方 ・地層作り （5）（6）化石 B　日本の火山 （7）火山によってできた土地 ・日本列島の火山分布 （8）火山灰と砂場の砂 C　日本の地震 （9）（10）地震によってできた土地 ・津波
12	7　力と道具　（10）	A　力とその大きさ （1）力がはたらくと物は変形する （2）力の向きと大きさ （3）重さの単位 （4）物を 2 人で持ったとき B　てこと道具 （5）くぎ抜きでくぎを抜く （6）輪軸 （7）てこ1（力点と支点） （8）実験用てこ （9）てこ 2（作用点と支点） （10）生活のなかの輪軸やてこ
1	8　電気のはたらき（8）	A　電気を流すと、発熱、発光する （1）流れる電気の量が多いほど、豆電球は明るく光る （2）流れる電気の量が多いほど、より発熱する ・ニクロム線・シャープペンシルの芯 B　電気をつくる・ためる・使う （3）（4）手回し発電機・光電池で発電する （5）（6）コンデンサーに蓄電し、放電する

月	単元名（時間）	学習活動の内容
2		C　電気を利用した物づくり、プログラミング体験 （7）（8）パソコンなどを利用したプログラム体験
3	9　自然と人間（9）	A　生物同士のつながり （1）（2）野生のメダカの食べ物 （3）自然界の食物網 （4）食べる生物、食べられる生物 （5）自然界の個体数のバランス （6）人間と食物連鎖（水俣病） B　地球環境 （7）森が海を育てる （8）二酸化炭素と地球温暖化 （9）工場や自動車などによる公害 ・酸性雨・二酸化イオウ ○原子力発電と放射能（コラム）

第 5 章
こんな授業にしたい

この章では、各単元の授業の進め方ができるだけわかりやすいような構成にした。

第３章でも述べたが、まず単元の到達目標を「目標」で記述した。ここには、子どもたちに何をとらえさせたいか、その到達目標を明確にしている。次に、目標を達成するための具体的な指導計画と時数が書かれている。ここで大まかな流れと教材がわかる。

いよいよ具体的な１時間ごとの学習の展開になる。「ねらい」「準備」「展開」と進む。「ねらい」は１時間の目標、「準備」はその時間に必要な物、「展開」は授業の進め方が書かれている。

① 課題をとらえる
② 〈自分の考え〉を書く
③ 考えを出し合い討論する
④ 〈友だちの意見を聞いて〉を書く
⑤ 実験、観察をする
⑥ 〈実験したこと、確かになったこと〉を書く
⑦ 発表する

という流れで基本的に授業は進められる。

子どもたちは既習して分かっていることを駆使し考え、実験や観察を通して新しい知識を獲得していく。その知識の獲得は、みんなで学び合った協同の学習としての結果である。詳しくは第３章に書かれているので、お読みいただきたい。

また、コラムや資料などは授業で活用できる内容になっている。

1．物の燃え方

【目標】

空気はちっ素や酸素などの混合気体である。

（1）空気には体積と重さがある。

（2）気体１Ｌの重さは窒素約 1.2g/L、酸素約 1.3 ｇ /L、二酸化炭素約 2g/L である。

（3）酸素中で、物がはげしく燃え、二酸化炭素、窒素の中では物が燃えない。

（4）二酸化炭素を石灰水に入れると、白くにごる。

（5）酸素と二酸化炭素の混合気体では、酸素も二酸化炭素もそのままで存在している。

（6）空気は窒素約 4/5 と酸素 1/5 の混合気体である。

物が燃えるのは、酸素と結びつくことである。

（1）金属が燃えると重くなる。

（2）木炭が燃えると、気体の二酸化炭素ができる。

（3）イオウも気体になって燃え、二酸化イオウができる。

【指導計画】　12 時間

空気（気体）

（1）（2）空気の体積と重さ ……………………………… 2時間　※４年生で学習していない場合

（3）（4）（5）いろいろな気体の識別 ………………… 3時間

・二酸化炭素とちっ素

・酸素とブタン

（6）酸素と二酸化炭素の混合気体 ……………………… 1時間

（7）ちっ素と酸素の混合気体（空気）………………… 1時間

物の燃え方

（8）鉄（スチールウール）が燃えた時 ………………… 1時間

（9）鉄や銅が燃えてできたもの ………………………… 1時間

（10）木炭が燃えてできたもの ………………………… 1時間

（11）（12）ろうそく、木、でんぷんやササミなどの燃焼 …… 2時間

・（つけたし）イオウの燃焼

【学習の展開】

第１時　空気の体積と重さ

ねらい 空気にも重さがある

※ 第１時と２時は、４年生で学習していれば、確認して第３時に進む。

準 備 教師実験

・上皿てんびん ・油ねん土 ・自転車のバルブ付きボンベ（写真参照）
・自転車の空気入れ ・付せん紙を底にはったビーカー（300mL） ・ストロー
・１Ｌメスシリンダー ・水そう

展 開

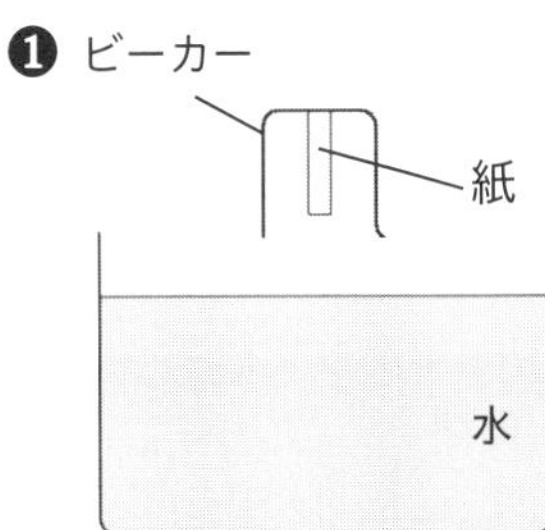

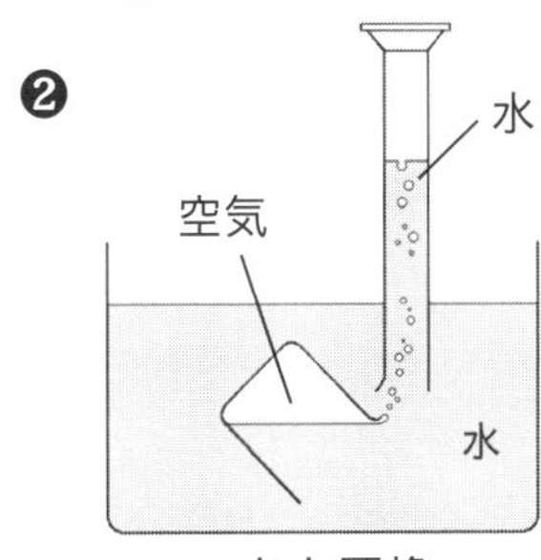

水上置換

自転車のバルブ

①「紙を貼り付けたビーカーを水の中に、逆さまに押しこむよ。（右図❶のように示す）紙はぬれるかな？」と問い、いくつかの意見を出し合う。ビーカーを押しこんでも紙がぬれない。ビーカーをななめにして空気を出すとぬれる。このことを見た後、ビーカーの中の空気の体積は何ｍＬか、メスシリンダーで測定する。（右図❷）

この方法を「水上置換」という実験方法だということを教える。

② 自転車のバルブつきボンベ（右写真）を見せて、そのしくみを簡単に説明する。バルブの口金を外してバルブの中と外がつながっていること、バルブの中に外と同じ空気が入っていることを話してから、口金を止めて自転車の空気入れで空気をたくさん押し込む。その時、ボンベに触らせる。熱くなっていることがわかる。その後、押し込んだ空気を全部出して、上皿天びんにボンベをのせて、油粘土でつり合わせてから、次の課題を出す。

課題① **ボンベとねん土が上皿天びんの上でつり合っている。このボンベに空気入れで空気を押しこむと、ボンベは上がるか、下がるか、それともつり合ったままだろうか。**

③〈自分の考え〉を書く。そして、討論。

ア）ボンベが上がる イ）下がる ウ）そのまま エ）見当がつかない、の４つの意見分布を調べた後、少ない意見から発表、その後討論をする。

④〈友だちの意見を聞いて〉を書く。数人発表。

⑤　実験

ボンベに空気入れで空気を押しこんでから、天びんにのせる。ボンベの方が下に下がる。

次に、天びんにのせたまま、ボンベのバルブをゆるめると、シューッという空気が出る音がして、それが聞こえなくなる（空気が全部出てしまう）と一緒に、天びんが元にもどる様子を見る。空気を入れれば重くなり、空気が出れば軽くなることを確認する。

⑥　〈実験したこと、確かになったこと〉を書き、発表する。

ノートに書かせたいこと

空気をおしこんでボンベを上皿天びんにのせたら、カタンと下がった。ボンベのバルブをゆるめると、シューッという音がして、空気が出てきた。その音が聞こえなくなって空気が全部出てしまうといっしょに、つり合いが元にもどった。このことから、空気にはちゃんと重さがあるとわかった。

第２時　空気１リットルの重さ

ねらい　空気１Ｌの重さは、約 1.2g である。

準　備　教師実験

・自転車のバルブつきボンベ　・上皿天びん　・油ねん土　・分銅

・自転車の空気入れ　・ストロー　・１Ｌメスシリンダー　・水そう

展　開

①　前時に空気は重さがあることがわかったが、今日はその１Ｌの重さをはかりたいということで、次の課題を出す。

課題②　**空気１Ｌの重さをはかってみよう。**

②　どのようにはかったらいいか、簡単に話し合う。

「空気１Ｌだけ押し込んで、重さが何ｇふえたか調べる」という意見も出されるが、「どうやって空気１Ｌ押し込んだかわかるのか」が調べようがないことから、この方法はできないということになる。子どもたちとやりとりしながら次の方法を確認する。

・ボンベに空気をいっぱい押し込み、上皿天びんにのせてねん土でつり合わせる。
・ボンベから空気を１Ｌ分だけ、水上置換でメスシリンダーに集める。
・空気をぬいたボンベがどれだけ軽くなったかを調べるために、ボンベのノズルの下の方に分銅をのせてねん土とつり合わせる。

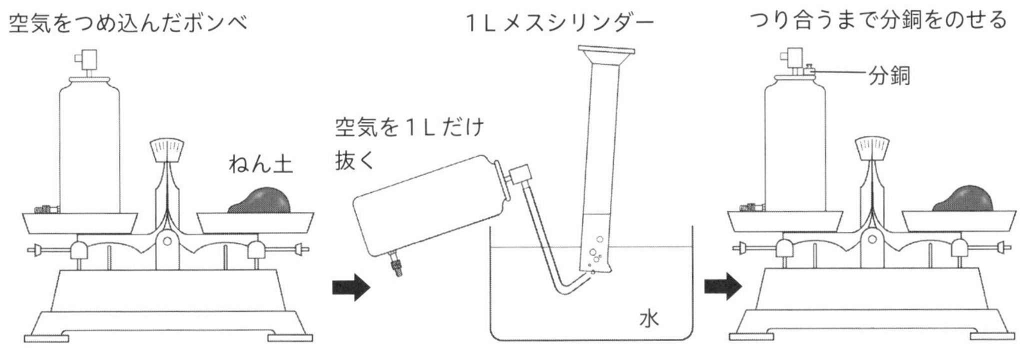

③　実験する。

実際に、その方法で空気１Ｌの重さをはかってみると、約 1.2g の分銅をのせるとつり合うことから、空気１Ｌの重さは約 1.2g であることを確認する。

④　〈実験したこと、確かになったこと〉を書き、発表する。

ノートに書かせたいこと

ボンベに空気をいっぱいおしこんで、ねん土とつり合わせた。そのボンベから水上置かんをして空気を１Ｌだけぬき取ったら、ボンベが軽くなって上に上がった。ボンベの方に分銅をのせたら、1.2 gでねん土とつり合った。このことから、空気１Ｌの重さは約 1.2 gだということがわかった。

第３時　二酸化炭素という気体

ねらい　**二酸化炭素１Ｌの重さは約２ｇで、この気体の中では物が燃えない。**

準　備　教師実験

・二酸化炭素ボンベ（中身がわからないように、気体名を書いたラベルはかくしておく）

・ポリ袋　・上皿天びん　・ねん土　・ストロー　・１Ｌメスシリンダー　・水槽

・ライター　・ロウソク　・燃焼さじ　・集気びん　・ガラス板

展　開

①　ラベルをかくした二酸化炭素ボンベから、中の気体をポリ袋に出して、袋がふくらむことを見せてから、次の課題を出す。

課題③　**ボンベの中に気体が入っている。この気体が空気か、それとも別の気体か、調べるにはどうしたらいいだろう。**

②　〈自分の考え－調べる方法〉を書く。そして、討論。

「ボンベから気体を１Ｌだけぬき取って、ボンベが何グラム軽くなったか調べる。」

「１Ｌが 1.2 ｇなら空気、重さがちがったら他の気体」といった意見が出される。

③　〈友だちの意見を聞いて〉を書く。数人発表。

④　実験をする。

ア）空気１Ｌの重さをはかった時と同じ方法で、このボンベの中の気体１Ｌの重さをはかる。

・ボンベを上皿天びんにのせて、ねん土でつり合わせる。

・ボンベから気体１Ｌだけ、水上置換でメスシリンダーに集める。

・気体をぬいたボンベがどれだけ軽くなったかを調べるために、ボンベの方に分銅をのせてつり合わせる。

◎この気体１Ｌの重さが、約２ｇであることがわかる（正確には 1.97g）。空気ではないことがわかる。

イ）「この気体の中にろうそくを入れてみよう」と言って、集気びんに集めた気体の中に、ろうそくの火を入れると、火がすぐに消えてしまうことを見る。「二酸化炭素」という気体であることを教える。

⑤　〈実験したこと・確かになったこと〉を書き、発表する。

ノートに書かせたいこと

この気体１Ｌの重さは、約２ｇで、空気ではないことがわかった。

火のついたろうそくをこの気体の中に入れると、火が消えたので、空気ではないことがはっきりした。この気体は「二酸化炭素」という気体だということがわかった。

第４時　窒素という気体

ねらい　**窒素１Ｌの重さは約 1.2g で、この気体の中では物が燃えない。二酸化炭素だけが石灰水を白濁させるので、ちっ素と区別することができる。**

準　備　教師実験

・窒素ボンベ（中身がわからないように、気体名を書いたラベルはかくしておく）

・ポリ袋　・輪ゴム　・上皿天びん　・ねん土　・ストロー　・１Ｌメスシリンダー

・水槽　・マッチ　・ろうそく　・燃焼さじ　・試験管２本　・二酸化炭素ボンベ

・石灰水

展　開

①　ラベルをかくした窒素ボンベから、中の気体をポリ袋に出して、袋がふくらむことを見せてから、次の課題を出す。（ポリ袋の中の気体は後で使うので、そのまま袋の口を輪ゴムでとめておく）

課題④　この気体が、空気か二酸化炭素か、それとも別の気体か調べたい。どうしたらいいだろう。

② 〈自分の考え〉を書く。そして討論。
「気体の中にろうそくの火を入れて、消えたら二酸化炭素で、消えなければ空気。」
「1Lの重さが1.2 gなら空気、2 gなら二酸化炭素。他の重さなら別の気体。」といった意見が出される。

③ 〈友だちの意見を聞いて〉を書き、数名発表。

④ 実験をする。

ア)前の課題と同じ方法で、この気体1Lの重さを調べる。→約1.2g(実際に1.25g)二酸化炭素でないことがわかる。

イ）先に取り出してあるポリ袋の気体の中に、ろうそくの火を入れると、火が消える。空気でないことがわかる。

ウ）火が消えるのは二酸化炭素と同じだが、1Lの重さはちがう。「何だろう」と、ここで石灰水を取り出す。試験管（2本）に石灰水を入れ、二酸化炭素とこの気体をボンベからそれぞれ入れる。二酸化炭素では石灰水が白くにごる。この気体は「ちっ素」と教える。また、石灰水を白くにごらせるのは、二酸化炭素であることをおさえる。

⑤ 〈実験したこと・確かになったこと〉を書く。数人発表。

ノートに書かせたいこと

この気体1Lの重さは、空気と同じくらいで、約1.2gだった。ろうそくの火を入れると消えたけど、重さで考えると二酸化炭素ではない気体だ。この気体と二酸化炭素を石灰水に入れてみた。この気体は変化がなかったが、二酸化炭素では白くにごった。この気体はちっ素だった。

第5時　酸素という気体

ねらい　酸素の中では物が激しく燃え、ブタンは気体自体が燃える。

準　備　教師実験

・酸素ボンベ　・二酸化炭素ボンベ　・酸素を捕集した集気びんA
・二酸化炭素を捕集した集気びんB（いずれもガラス板のふたをしておく）
・石灰水　・ライター　・ろうそく　・燃焼さじ　・ブタン（ガスライター用）

展　開

① 集気びんA（酸素）と集気びんB（二酸化炭素）を机上に置く。AとBの気体が何か調べたいと次の課題を出す。

課題⑤　２つの気体が集気びんに入っている。これらが空気か、二酸化炭素か、窒素か調べたい。どうしたらいいだろうか。

②　〈自分の考え〉を書く。そして討論。

「その気体１Ｌの重さを調べればいい」「もう集気びんに入っているから、１Ｌの重さははかれない」「その気体の中にろうそくを入れて消えたら二酸化炭素か窒素で、消えなければ空気か、別の気体」「石灰水を入れて、白くにごれば二酸化炭素だ」といった考えが出される。１Ｌの重さははかれないことを確認する。

③　〈友だちの意見を聞いて〉を書き、数名発表。

④　実験をする。

ア）まず、Ａの集気びんに石灰水を少し入れる。変化なし。Ｂに石灰水を入れると白くにごる。二酸化炭素とわかる。

イ）次に、集気びんにろうそくを入れてみる。Ｂはもうわかったからやらなくてよいという。Ａはろうそくの火が激しく燃えている。空気中でもろうそくを燃やしていると、その違いがわかる。

Ａの気体が「酸素」であることを教える。重さは、1.43g/L

⑤　〈実験したこと、確かになったこと〉を書く。数人発表。

ノートに書かせたいこと

石灰水を入れると、Ｂは白くにごったので、これは二酸化炭素だとわかった。Ａは石灰水が白くにごらなかった。ろうそくの火を入れてみると。Ａははげしく燃えた。これは酸素という気体だった。１Ｌの重さは1.43g/Lだそうだ。

つけたしの実験　　**ブタンの燃焼　教師実験**

集気びんに水上置換でブタンの気体を集める。それにろうそくを入れてみる。集気びんの口で炎があがり、中に入ったろうそくの火は消えているのを見る。ブタンは気体自体が燃える気体だということをおさえる。

注意！ ブタンと酸素の混合気体は、激しく爆発するので、集気びんの中に何回もろうそくを入れたり出したりしない。

つけたしの実験の子どものノートより

集気びんに気体を入れて、その中に火のついたろうそくを入れました。そしたら、その気体自体が燃えて、その中ではろうそくの火は消えました。この気体はブタンといって、火を近づけるとその気体自体が燃える気体だとわかりました。

第６時　酸素と二酸化炭素の混合気体

ねらい　**混合した気体はそれぞれの気体の性質をもっている。**

準　備　教師実験

・酸素ボンベ　・二酸化炭素ボンベ　・集気びん　・ガラス板　・水槽　・石灰水
・ろうそく　・燃焼さじ　・ライター

展　開

①　水上置換で集気びんの半分まで酸素を入れる。その後の半分に二酸化炭素を入れる。そこまで見せてから、次の課題を出す。（捕集した気体は後で使うので、そのまま集気びんにガラス板でふたをしておく。）

課題⑥　**酸素と二酸化炭素を半分ずつまぜた中に、ろうそくの火を入れると、火はどうなるだろう。**

②　〈自分の考え〉を書く。そして、討論。

「酸素の中では激しく燃えるし、二酸化炭素の中で火は消えるから、打ち消しあって、ろうそくの火は少し燃えて消える」「酸素があるので火は燃え続ける」「二酸化炭素があるので火は消える」といった意見が出される。

③〈友だちの意見を聞いて〉を書く。数人発表。

④　実験をする。（ろうそくが燃えると二酸化炭素が発生するので、石灰水を先に扱う）

ア）石灰水を入れてみる。石灰水が白くにごり、二酸化炭素があることがわかる。

イ）集気びんの中にろうそくの火を入れる。集気びんの中でよく燃えていることを見る。酸素もあるとわかる。

このようにまざっても、もとの物がそのままある気体を「混合気体」ということを教える。混合気体は「ゴマ塩」のような物とたとえるのもいい。「ゴマ塩」には、ゴマも塩もそのままある。つまり、酸素の性質も二酸化炭素の性質も両方あるということ。

⑤　〈実験したこと、確かになったこと〉を書く。数人発表。

ノートに書かせたいこと

酸素と二酸化炭素をまぜた気体に石灰水を入れると、石灰水が白くにごった。ろうそくの火を入れると、空気中よりは明るく燃えた。酸素も二酸化炭素もそのままあった。こういう気体を、酸素と二酸化炭素の「混合気体」という。

第７時　窒素と酸素の混合気体（空気）

ねらい　**空気は、おもに窒素約４／５、酸素約１／５の混合気体である。**

準 備 グループ実験

・窒素ボンベ　・酸素ボンベ

・集気びん（10㎝の工作用紙をセロハンテープで縦に貼りつけておく）　・水槽

・ろうそく　・ライター　・燃焼さじ（以上グループ分）

・「空気の成分表」のプリント（人数分）

展 開

①「窒素と酸素の混合気体を作って、ろうそくの火の燃え方を調べよう。」と言って、課題を出す。

課題⑦ **窒素と酸素を次の割合でまぜた混合気体に、それぞれろうそくの火を入れると、火はどうなるだろう。**

A）窒素５／10　酸素５／10

B）窒素８／10　酸素２／10

C）窒素９／10　酸素１／10

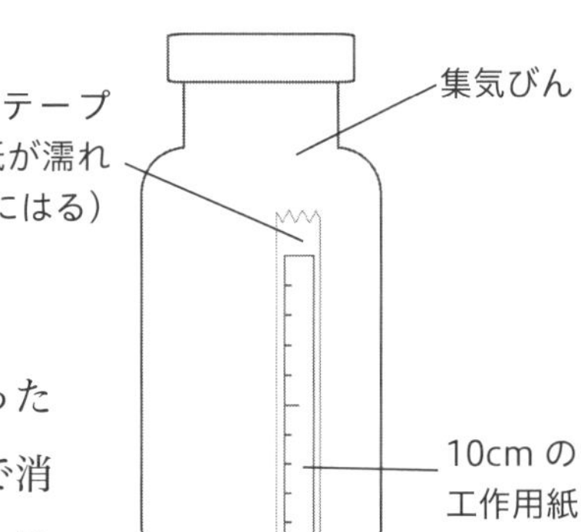

②〈自分の考え〉を書く。そして、討論。

「Aは半分ずつ入っているので、消えたり、強くなったりせず、そのままだと思う。Bは、窒素が多いので消えかけるけど、酸素の性質で少し燃えると思う。Cは窒素が多いので、酸素の性質も出ないで火が消えると思う。」

「Aは空気中と同じように燃える。Bは少し弱くなる。Cは消える。」

③〈友だちの意見を聞いて〉を書く。数人発表。

④ 実験をする。

班で水上置換をして、それぞれの割合の混合気体を作り、ろうそくの火の燃え方を調べる。Aは激しく燃え、Bは空気中のろうそくと同じ程度に燃え、Cはすぐに消えてしまうことを見る。

⑤「空気の成分表」のプリントを配る。

空気の成分表（体積の割合）

気体	割合(%)	気体	割合(%)
ちっ素	78.03	二酸化炭素	0.03
酸素	20.99	水素	0.01
アルゴン	0.94	その他ヘリウム、ネオンなど	

Bが空気とほぼ同じ成分になっている。Cの場合、火がすぐ消えてしまったことから、酸素がまったくゼロでもなくても、空気中から酸素が少なくなると火が消えてしまうこと、これが「酸欠」という状態であることを話す。

⑥〈実験したこと、確かになったこと〉を書く。数人発表。

ノートに書かせたいこと

酸素が半分あると、ろうそくは空気中よりも激しく燃え、2／10では空気中と同じように燃えた。1／10ではすぐに消えてしまった。酸素がわずかでも燃えないことがわかった。Bのちっ素8／10と酸素2／10の混合気体が空気だということがわかった。

第8時　鉄（スチールウール）が燃えた時

ねらい　**鉄が燃えるとき、酸素がくっつき、燃えた後は重くなる。**

※この授業は、「第３章　３、１時間の授業」に詳しく紹介しています。

第9時　鉄や銅が燃えてできたもの

ねらい　**鉄や銅が燃えた後にできたもの（酸化鉄、酸化銅）は金属ではない。**

準　備　グループ実験

・スチールウール　・銅板　・実験用コンロ　・豆電気テスター（豆電気、ソケット、乾電池）　・蒸発皿　・ピンセット　・紙やすり

展　開

① 前回の授業でスチールウール（鉄）を燃やしたら酸化鉄という金属でない物になった。銅を燃やしてもそうなるか班で調べてみよう。

課題⑧　**鉄や銅が燃えてできた物は金属だろうか。電気を通すか調べてみよう。**

② グループ実験。作業課題なので、自分の考えは書かずに実験に入る。

ア）スチールウールが電気を通すことを確認してから、火をつけ、よく吹いて燃やす。燃やした物は蒸発皿の上に置く。さわるとボロボロくずれること、電気を通さないことを調べる。

イ）銅板が電気を通すことを確認する。

ウ）銅板の一端を加熱する。半分は黒くなるようにする。電気を通すか調べる。（右図）黒い物（酸化銅）を紙やすりではがすと、電気が流れる。

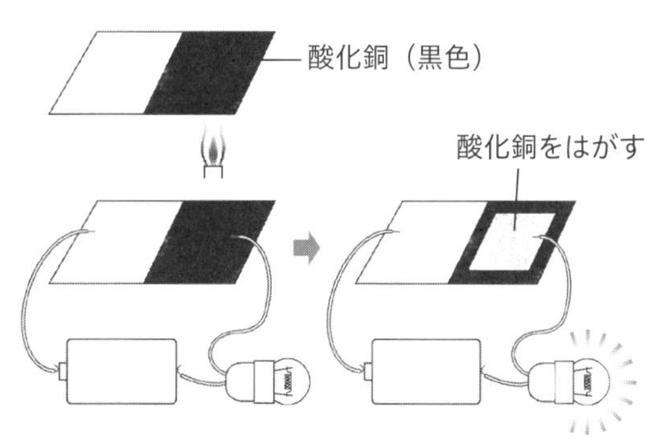

銅板の表面だけが、酸化銅になったのは、空気中の酸素にふれているからであることを話し合う。

空気にふれる表面だけが酸素と結びつくから、「燃えたのは表面だけだった」のだ。

③ 〈実験したこと、確かになったこと〉を書く。数人発表。

ノートに書かせたいこと

スチールウールの燃えた後は、ふると酸化鉄がボロボロ落ちる。電気テスターを使い調べると、電気がつかない。つまり、金属ではなくなったことが確かになった。銅が黒くなったところは、豆電球がつかなかった。酸化銅をけずると、電気がついた。なぜかというと、酸化銅は、まわりの酸素と銅の表面が結びつくからだ。表面だけ金属ではないものになった。

このことから、物が燃えるのは酸素と物が結びついて、他の物になるということがわかった。

第10時　木炭が燃えてできたもの

ねらい　木炭が燃えると、二酸化炭素ができる。

準　備　教師実験

・木炭（デッサン用）　・酸素ボンベ　・丸底フラスコ（ぬれていない）
・実験用コンロ　・ゴム管とゴム風船つきゴム栓　・線香　・石灰水
・上皿天びん　・ねん土

展　開

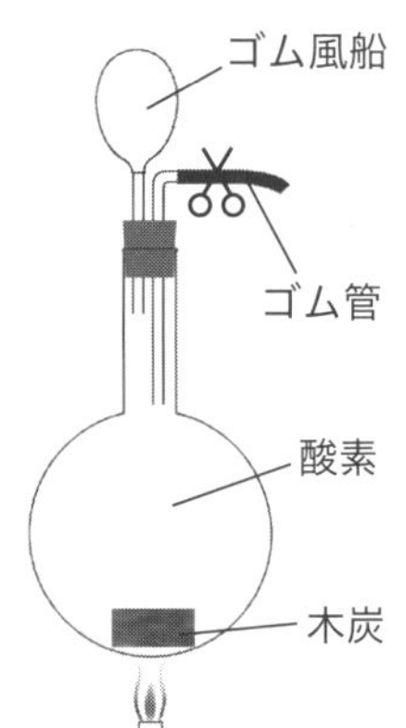

① 丸底フラスコに、木炭を燃え残らないほど折って入れ、酸素ボンベから酸素を入れる。(酸素がいっぱいになったことは、線香の火をフラスコの口にもっていってポッと炎があがったことで確認) これに、ゴム管とゴム風船付きゴム栓をしっかりはめる。※風船には温められて膨張した酸素が入る。

② 上皿天秤でねん土とつり合わせる。

③ フラスコを手に持って、実験用コンロで全体をさっと温めた後、木炭がある部分を加熱する。木炭に火がついたら、コンロからはずして、フラスコをくるくる回す。木炭の火がフラスコの中を回っているのが見える。火が消えたら、フラスコの中を見させる。木炭がなくなっていることに気づく。

④　これを、上皿天秤にのせると、ねん土とつり合い、燃やす前と重さが変わってないことがわかった。この後、このフラスコに水が入るか質問する。

課題⑨　酸素の中で木炭を燃やした。ゴム管を水の中に入れて、ピンチコックをはずすと、水がフラスコの中に入ってくるか。

⑤〈自分の考え〉を書く。そして、討論。

ア）意見分布をとる。

・水が入ってくる　・水が入ってこない　・見当がつかない

イ）討論

入る　　：「酸素が使われて減ったから。」「木炭に酸素がくっついて酸素が減ったから。」

入らない：「木炭と酸素が結びついた後、別の気体ができたから。」「重さが変わらないから物の出入りがないので、体積も変わらない。」

という意見などが出される。

⑥〈友だちの意見を聞いて〉を書く。数人発表。

⑦「水が入るのは、フラスコの中の体積が最初よりも減った時だ」ということを確認して、実験に入る。

ア）ゴム管の先を水の中に入れ、ピンチコックを外す。

イ）水は入ってこない。

「水が入ってこないということは、フラスコの中の体積は変わっていない。」

「木炭は燃えて、酸素は減ったが、それに代わって別の気体ができたということ？」

「木炭と酸素が結びついてできた気体はなんだろう？」

二酸化炭素ができる動画

「鉄に酸素が結びついて、酸化鉄。銅に酸素が結びついて、酸化銅。木炭に酸素が結びついて酸化炭、酸化炭素？二酸化炭素かな？」

「二酸化炭素か調べるには？」「石灰水を入れればいいです。」

ウ）フラスコに石灰水を入れると、白濁する。

エ）フラスコの中の気体は、「二酸化炭素」だということがわかる。

⑧〈実験したこと、確かになったこと〉を書く。数人発表。

ノートに書かせたいこと

木炭が燃えた後、重さが変わらなかったということは、フラスコの中に出入りがなかったことになる。では、酸素が使われた分、水が入るはずだ。しかし、水は入らなかった。そうすると、フラスコの中にいっぱいに気体があることになる。フラスコに石灰水を入れると、白くにごったので、気体は二酸化炭素だということがわかった。木炭が燃えると、酸素と炭素が結びついて二酸化炭素という別の気体ができるということが確かになった。

「鉄や銅を燃やすと酸素と結びついて酸化鉄や酸化銅という別の物が生まれる。」という学習が「炭素と酸素が結びついて二酸化炭素という別の気体ができた。」というとらえ方につながっている。また、「重さ」「体積」の学習が生かされる授業にしたい。

第11・12時　ろうそく、木、でんぷんやササミなどの燃焼

ねらい　●生物（炭素をもっている物）が燃えたら、二酸化炭素ができる。
●イオウが燃えると二酸化イオウができる。

準備

グループ実験　・ろうそく　・割りばし　・でんぷん　・ササミ　・石灰水
・燃焼さじ　・アルミホイル　・実験用コンロ　・集気びん

教師用　・たね油　・燃焼さじ　・アルミホイル　・集気びん　・実験用コンロ
・石灰水　・イオウ　・酸素ボンベ　・燃焼さじ

展開

① ろうそくを集気びんの中で燃やし、石灰水を入れると白濁する。ろうそくを燃やすと、二酸化炭素ができることがわかる。割りばし、でんぷん、ササミ、たね油を見せ、これらを燃やすと二酸化炭素ができるのか調べようと課題を出す。

課題⑩　**木、でんぷん、ササミ、たね油を燃やすと、二酸化炭素ができるか調べよう。**

② 作業課題なので、すぐにグループ実験をする。

ア）木は針金に巻いて、集気びんの中で燃やす。

イ）でんぷんやササミは図のよ

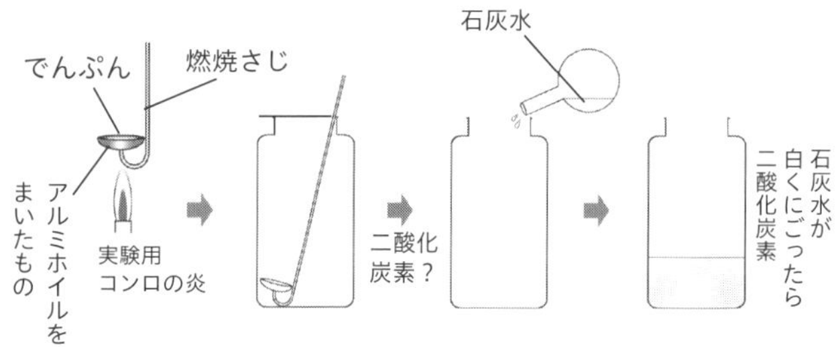

うな手順で行う。

ウ） たね油は、激しく燃えるので、教師実験にする。

エ） どれも石灰水を白だくさせ、二酸化炭素ができることがわかる。

③ 燃やした物は、動物や植物からつくられていることから、生物を燃やすと二酸化炭素を発生することを確認する。

④ 〈実験したこと、確かになったこと〉を書く。数人発表。

ノートに書かせたいこと

木、でんぷん、ササミ、たね油を集気びんの中で燃やして、石灰水を入れた。この4つの燃やす物は、すべて動植物でできているという共通点がある。どれも、白くにごった。ここから、集気びんの中には、二酸化炭素があることがわかる。酸素は燃えた時に炭素に結びついたので、これらには元々炭素があることがわかった。このことから、動植物には炭素があり、燃やすと二酸化炭素ができることがわかった。

⑤ つけたしの実験 STEP UP! （教師）

集気びんに酸素を捕集する。次に、燃焼さじにイオウを少量とって、実験用コンロの火で、イオウに点火する。それを、集気びんの酸素中に入れる。

イオウは、きれいな青い炎をあげて燃える。火が小さくなったところで取り出して、水の中に入れて消す。集気びんの中に、石灰水を入れてみる。

石灰水は白くならない。二酸化炭素はできていない。集気びんのふたを取り、手であおぐようにして、中の気体を子どもたちにかがせる。鼻にツンとくる、いやな臭いである。この気体は何だろうと聞くと、子どもたちは「イオウと酸素が結びついて二酸化イオウができた」と答える。二酸化イオウは、水に溶けると亜硫酸となることを話す。これが含まれた雨が酸性雨であることも教える。※水溶液の性質（酸のはたらき）で扱うことになるが、酸性雨については話しておく。

⑥ 〈つけたしの実験のこと〉を書く。数人発表。

動 二酸化イオウができる動画

ノートに書かせたいこと

イオウを燃やすと二酸化炭素ができるか実験した。結果、二酸化炭素はできずに、二酸化イオウができた。イオウは、青白い光を出して燃えた。イオウは生物ではないので炭素がないから二酸化炭素ができないことがわかった。イオウを燃やした時に出るガスは、ぜんそく、酸性雨などのひ害をもたらすので、工場や車などで出ないようにしていることがわかった。

資料 1

気体は混合しやすい

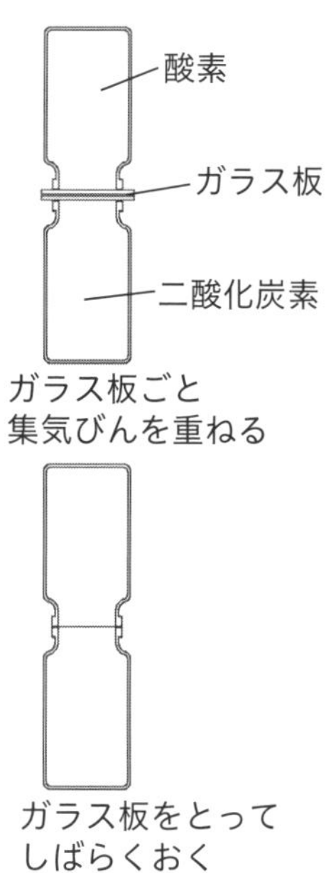

１本の集気びんに二酸化炭素、ほかの１本に酸素を集めて、ガラス板でふたをします。次に、二酸化炭素のびんの上に、酸素のびんを逆さまにしてのせます。そして、びんの口をふさいでいたガラス板をぬき取ります。２つのびんの口が重なりました。このまま、20 分ほど置いておきます。

この後、石灰水とロウソクの火を入れてみます。どうなるでしょう。

「二酸化炭素は 1.97g/L で、酸素は 1.42g/L だから、二酸化炭素の方が酸素より重いので、二酸化炭素は上のびんにはいかない。だから、下のびんでは石灰水がにごって、火は消え、上のびんでは石灰水はにごらないで、火はよく燃える」と考えた人たちがいました。物の重さのちがいから考えたと思います。さて、どうでしょう。

まず、石灰水を入れてみました。下のびんはもちろん白くにごりました。上のびんでも白くにごりました。二酸化炭素は、上のびんに移っています。次に、火のついたロウソクを入れてみました。上のびんはもちろん、よく燃えました。下のびんに入れると、こちらもよく燃えました。酸素は下のびんに移っていました。

上でも、下でも、酸素と二酸化炭素がありました。気体は混合しやすいのです。気体は、なぜ混合しやすいのでしょう。

単元について

物質は化学変化する－物の燃焼－

学習指導要領では「燃焼の仕組みについて、空気の変化に着目して、物の燃え方を多面的に調べる活動を通して、次の事項を身に付けることができるよう指導する。

ア）次のことを理解するとともに、観察、実験などに関する技能を身に付ける。

・植物体が燃えるときには、空気中の酸素が使われて二酸化炭素ができること。

イ）「燃焼の仕組みについて追究するなかで、物が燃えたときの空気の変化について、より妥当な考えをつくりだし、表現すること。」が目標となっている。

そのため、この単元の学習が終わると、子どもたちはどんな物を燃やしても二酸化炭素ができるという認識になってしまう。また、空気が物であることや、空気は主に窒素、酸素、二酸化炭素などからなり、それぞれどんな性質をもっているかについては、丁寧に扱われていない。そのうえ、物が燃えるとき、その物に酸素が結びつくこ

資料2

飛びまわる気体の分子

水の分子

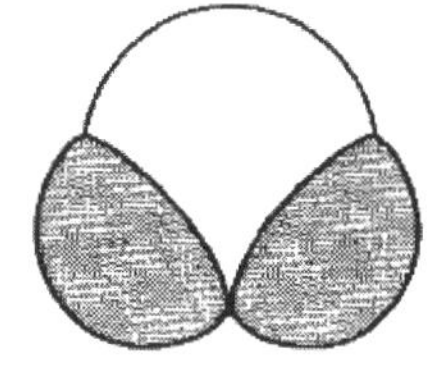

液体の水は、0℃以下になると、「固体」（氷）の状態になります。逆に、0℃以上になると固体（氷）は、「液体」（水）に変わります。さらに温度が上がって100℃になると、液体から「気体」（水蒸気）に変わります。

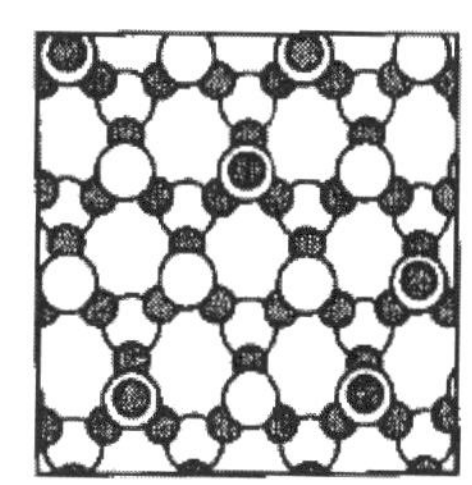

氷（固体）

水は、水の「分子」（物をつくっている小さな粒子）の集まりですが、水の固体、液体、気体はどのような状態になっているのでしょう。

水が固体（氷）の時は、水の分子がくっつきあって規則正しく並んでいます。しかし、分子たちは、じっとしているのではなく、それぞれの位置で小さく動いています。

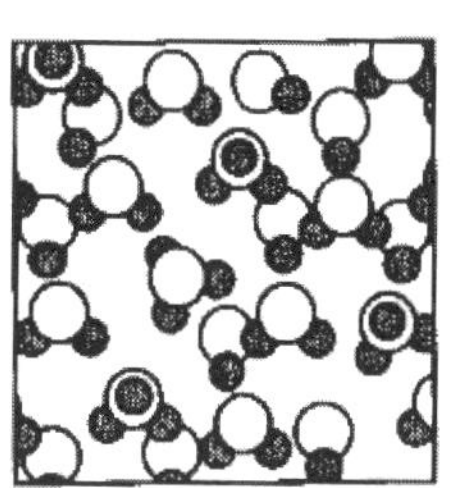

水（液体）

この動きは、氷の温度が上がってくると、しだいにはげしくなり、やがて分子はくっつき合いながらも位置を変えようと、運動するようになります。こうなった時が液体（水）の状態です。

さらに水の温度が上がると、分子の運動がますますはげしくなり、くっつき合っていたものがばらばらになり、ひじょうに速い速度で空間を飛び回るようになります。100℃で蒸発したばかりの水蒸気の中では、水の分子の速度は平均415 mにもなっているそうです。これが気体の状態なのです。気体の水（水蒸気）は、空気中に飛びまわっています。

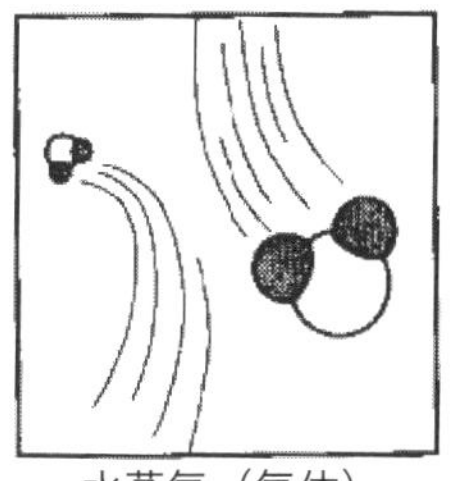

水蒸気（気体）

同じように集気びんの中でも、気体の酸素と二酸化炭素の分子も飛びまわっているので、短い時間で混合したのです。

資料1・2『教科書よりわかる理科　小学6年』 江川多喜雄 監修　高田慶子 編著　合同出版より

とを扱っていない。

しかし、スチールウール（鉄）を燃やせば、二酸化炭素は発生せずに、スチールウールが酸化鉄に変化し、イオウを燃やせば二酸化イオウに変化する。「物の燃焼」では、物が燃えることは、酸素と結びつき新しい物質をつくることをとらえさせることが重要である。そういった化学変化を体験することで上記のような新しい自然科学の認識の基礎を養うような指導計画づくりが重要になってくる。

そこで、指導計画を「気体」と「物の燃焼」の学習に分け、気体が「物である」ことを学習した後、物の燃焼の学習に入り、気体の存在を意識した学習を進めていくように考えた。また、鉄や銅などの金属が出てくるが、金属の性質を学習していないので、『第８時　鉄（スチールウール）が燃えた』の導入時に入れてある。

『ヒトや動物の体」の学習を始める前に

コラム
Column

生物の体をつくる物質　－生物は栄養をとって生きている－

生物（動物や植物）の体の 60％～ 80％が水です。生物にとって、水はとても大事な物ですね。

では、残りの 20％～ 40％は、何でできているのでしょう。私たちが食物を食べるのは、タンパク質、ししつ（脂質）、とうしつ（糖質）たんすいかぶつ（炭水化物）などの栄養分をとるためです。私たちは、生物を食べてこれらの物を取り入れています。これらの栄養分から生物の体ができているのです。

動物や植物の体を作るおもな物質（％）

		水	タンパク質	脂質	糖質
動物	ウシ	54.0	15.0	26.0	1.0
	ウマ	60.0	17.0	17.0	1.0
	ブタ	58.0	15.0	24.0	1.0
	ニワトリ	56.0	21.0	19.0	1.0
植物	トウモロコシ	74.7	3.3	1.4	18.7
	アルファルファ（豆科牧草）	73.7	4.4	0.7	19.0
	リンゴ（実）	85.8	0.2	0.1	13.1
	キャベツ	92.4	1.4	0.1	4.9

動物と植物を比べると、動物には、タンパク質と脂質が多く、植物には、糖質が多いことがわかります。上の表を見ても、生物の体の中の水の量は植物の方が多いことがわかります。

タンパク質、脂質、糖質を燃やすと、炭になります。（「物の燃え方」第 11 時の実験で確かめています。）

ヒトの体を作るおもな物質の割合（％）

タンパク質	脂質	糖質	その他
18	18	1 以下	59

『教科書よりわかる理科　小学 6 年』江川多喜雄 監修　高田慶子 編著　合同出版より抜粋

この授業プランは、前『理科の授業 6 年』及び『これが大切 6 年小学校理科』小佐野正 樹編 本の泉社 に拙著「生物の体を作る物質・わたしたちの体」が掲載されている。

2．ヒトや動物の体

【目標】

ヒトも動物であり、食べ物を食べて消化・吸収し、栄養をとっている。

（1）食べ物は、消化管で消化され、体内に吸収される。

（2）血液は、栄養分や酸素などを全身に運ぶ。

（3）体の中でできた不要物は、腎臓や肺から捨てられる。

【指導計画】　6時間

(1)(2) 消化器官 …………… 2時間
(3) 血液の循環……………… 1時間
(4) 腎臓と尿………………… 1時間
(5) 肺と呼吸………………… 1時間
(6) 臓器とはたらき ………… 1時間
※　時間が余ったら、発展学習（「ヒトの骨格と脳」）に取り組む。（6時間）

【学習の展開】

第1・2時　消化器官

ねらい　**ヒトの体には、食べた物を消化し、栄養分を吸収する「消化管」がある。**

準 備

・人体の輪郭を描いた図（人数分）　・消化管の模型（あるいは図）　・人体模型
・9mに切ったスズランテープ（ロープ状のものがあればいい）
・片栗粉　・水　・ビーカー　・実験用コンロ　・割りばし　・鉄製スプーン
・ジアスターゼ　・アルミホイル

展 開

①「今日から、ヒトの体について学習します。」と言って『ヒト』と板書する。どうしてカタカナか、と聞かれたら、やり取りをしながら「動物としてのヒト」であるからということを話す。

次に「ヒトであるみんなの体が、ここまで大きく成長できたのはどうして？」と質問して、考えを言わせる。「生きているから」「睡眠をとっているから」「食べ物を食べているから」など、子どもたちは、自分の行動を振り返り始める。「食べ物を食べている」と出たら、「どうして食べ物を食べるの？」と聞き返し、「栄養をとるため」であることを押さえる。

② 「私たちは、食べ物を口から取り入れて、その栄養分を体の中に吸収して成長しているんだね。体内にある食べた物が通る管を『消化管』と言います（板書）。消化管はどんなつくりになっているか、今日はこの紙に書きこんでみよう。」といって課題を出す（「口」と「肛門」は、初めから示しておくといい）。

課題①　体内には、食べた物から栄養をとる消化管がある。消化管は、どんなつくりになっているだろう。

③ 自分の考えを、人体図に書きこむ。討論。

「名前がわかるものには、言葉も書き込んでみよう」と言い、図や言葉で人体図に書かせる。

実物投影機などで、画面に映しながら発表させると、似ている点や異なる点に気づきやすくなり、討論が活発になる。

子どもたちは「胃」や「腸」など、聞いたことのある臓器を言い合う。

子どもが考えた例

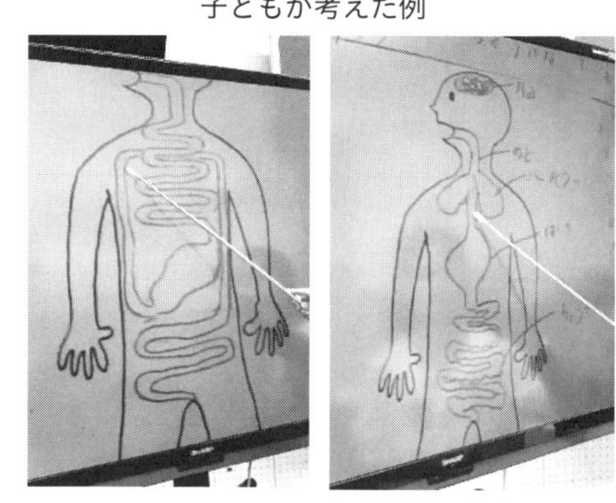

なかには「心臓」や「肺」が食道からつながっていると考えている子もいる。「みんなはどう思う？」などと聞き返して、討論を深めたい。

④ 〈友だちの意見を聞いて〉を書く。

⑤ 調べて、確かめる。

ア）「模型で確かめてみよう」と言って、見て確かめる。体内には、ぎっしりと消化管が詰まっていることがわかる。ここでは、「口」→「食道」→「胃」→「小腸」→「大腸」→「肛門」までが『一本の管』になっていることを押さえる。

※教科書の図を活用してもいい。

イ）実際の長さをモデルで紹介する。

およそ９ｍに切ったスズランテープの端を子どもに持たせて引っぱる。消化管は大人で、だいたい９ｍあることを話す。次に、「口」～「肛門」までで一番長いのはどこだろう、と聞き、消化管の半分以上を小腸がしめている（約６ｍ）ことを教える。

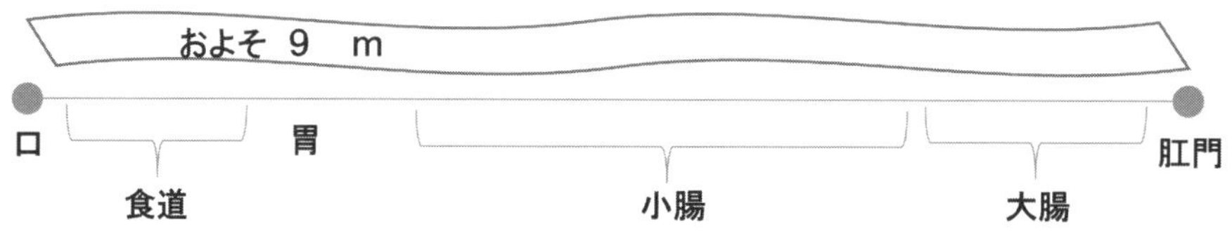

ウ）コラム「栄養分をとるしくみ」（『教科書よりわかる理科　小学6年』 江川多喜雄 監修　高田慶子 編著　合同出版より一部抜粋）を読む。

食べた物を消化液でどろどろにとかし、小腸で吸収できる状態にすることを「消化」と教える。消化液には「唾液」「胃液」「腸液」などがある。

Column（コラム）

栄養分をとるしくみ

ヒトの体には、口から肛門まで1本になった「消化管」があります。口からとり入れた食べ物は、歯でよくかむと、小さくくだかれ、だ液（消化液のひとつ）がよくまじったものになり、食道を通って胃にいきます。胃では、胃ぶくろがよくはたらき胃液がたくさん出て、食べた物をどろどろにします。どろどろになった物が、小腸に送られます。小腸でも消化液が出て、食べた物が、水にとけて小腸のかべから吸収される物に変わります。小腸のかべにはひだがあり、「じゅうとっき」というところから栄養分を吸収します。

栄養分が吸収されて残った物は、大腸に送られます。

大腸では、残り物から水分を吸収して、ウンコをつくります。ウンコは、肛門からすてられます。

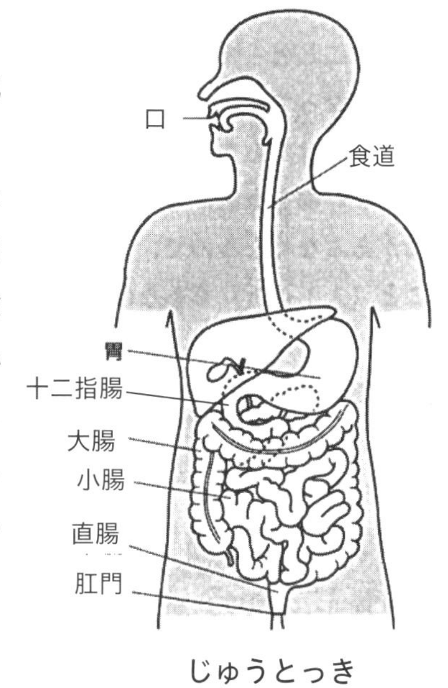

ウンコの量
せんいの多い物を食べる日本食の人は1日に100～170g（子どもはその1／2～1／3）。
肉食の多い欧米食の人は1日80～150g。
食べてから12～24時間でウンコができる。

『教科書よりわかる理科　小学6年』 江川多喜雄 監修　高田慶子 編著　合同出版より

⑥ 〈調べたこと・確かになったこと〉を書く。数人発表。

ノートに書かせたいこと

食べた物を消化する消化管は1本になっていて、約9mもあった。食べた物は、口・食道・胃・小腸・大腸・こう門の順に通っていった。食べた物が消化液でどろどろに消化されて、小腸で栄養分を吸収していた。

⑦ つけたしの実験 STEP UP!

「でんぷんのりが消化されて、小腸の壁（腸壁）を通り抜ける様子を見てみよう」と話して、コーヒーフィルターにでんぷんのりを入れてジアスターゼをかける（教師実験）。フィルターを通過してビーカーに液体が落ちていく様子がわかる。

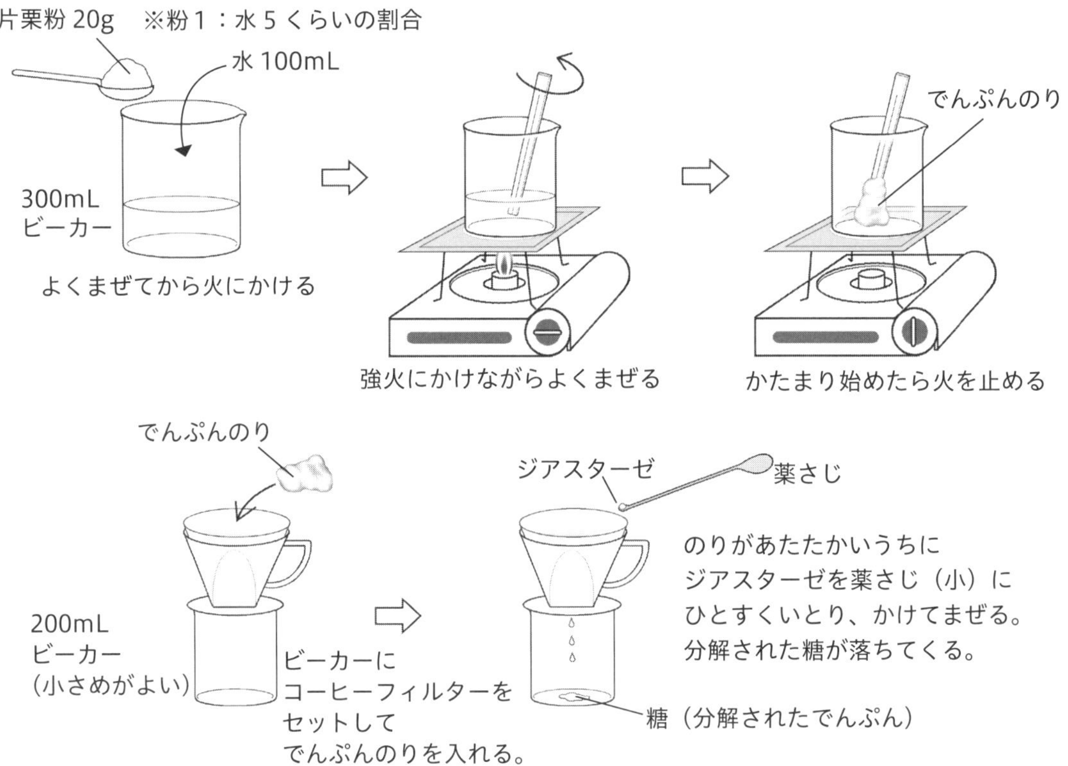

液体になったものをスプーンにとって実験用コンロで加熱すると、甘い匂いがしてくる。でんぷんが消化されて、糖（水にとける）に変わったことを教える。つまようじにとり、なめると甘い。

⑧ 〈つけたしの実験〉についてノートに書く。

動 でんぷんの消化実験の動画

ノートに書かせたいこと

でんぷんにお湯を注いでかき混ぜると、でんぷんがのりのようになった。でんぷんのりにヨウ素液をかけるとこい青むらさき色になったから、でんぷんがあることがわかった。次にだ液と同じ成分の「ジアスターゼ」を粉にしてかけた。ドロドロのでんぷんのりがサラサラになったからおどろいた。だ液はでんぷんを糖にする消化液だった。

※多くの教科書では、児童のだ液をストローや脱脂綿で抽出して消化実験に使っている。６年生にもなると抵抗が出てくるので、教科書のような実験をする場合には、薬局で手に入る「ジアスターゼ」を砕いたもので代用できる。

第3時　血液の循環

ねらい　**消化管で吸収された栄養分は、血液によって全身に運ばれる。**

準　備

・血液循環の模型　・教科書の図の拡大　・デジタルクリップの視聴環境

・心音マイク（なければ聴診器）

展　開

① 「体に取り入れた栄養分はどこで吸収された？」と聞き、消化管のつくりを思い出させる。小腸で吸収されたことを確認してから「吸収された栄養分はどこで使われるか？」と質問する。脳や手足、心臓などと意見が出るが、最終的に全身ということになるので次の課題を出す。

課題②　**消化管で消化し、吸収された栄養分は、どうやって全身に運ばれるのだろうか。**

② 〈自分の考え〉を書き、話し合う。

・じわじわとしみていくように広がっていく　・消化管を通っていく。

・小腸から他の内臓へ伝わっていく。

・血管は全身にあるから、血管の中を通っていく。

③ 〈友だちの意見を聞いて〉を書く。

・食べ物は消化されてから、血液と一緒に全身に運ばれると思った。

・血管は全身にあるから、栄養は血管の中を通っているのかもしれない。

④ 資料で調べ、確かめる。

ア）血液循環の模型を見せながら、血管が全身に張りめぐらされていることを確認する。

※模型がなければ、血管が全身に張りめぐらされている図を使う。

「ポンプ」役の心臓からスタートし、血液の通り道を確かめていく。

イ）NHK デジタルクリップ『食べ物を体に取り込むしくみ（1分 30 秒)』を見る。

ウ）血液を送り出している心臓の動き＝脈拍を調べる。

・手首や首に手を添え、脈拍は心臓の動き（拍動）による血管の動きであることを教える。

・「心音マイク」（なければ聴診器など）で子どもの心音を聞く。

※理科室の中を走らせると拍動が速くなる。血液をたくさん送り出していることがわかる（酸素については第5時で扱う)。

・小腸で吸収された栄養分は一度肝臓にたくわえられ、必要な時に送り出されていることを教える。

⑤ 〈実験したこと・確かになったこと〉をノートに書かせる。

ノートに書かせたいこと

栄養は小腸の細い血管に入って血液にとけ、その血液は心臓のはたらきで全身に運ばれることがわかった。血管は太いものと細いものがあった。あみ目のように指の先まで血管が通っていて、必要な栄養を運んでいた。心臓は休むことなく動いていた。

第４時　腎臓と尿

ねらい　**体の中で栄養分を使うと不要物ができ、腎臓で血液から尿をこしとり外へ出している。**

準　備

・資料「オシッコってなに？」(『教科書よりわかる理科　小学６年』 江川多喜雄 監修　高田慶子 編著　合同出版)（児童数）

展　開

① 「食べ物からとった栄養分は､体の中でどうなった？」と聞いて「血液と一緒に全身に運ばれた」などとやり取りをして前時の内容を振り返る。続けて「栄養をとりきった残りかすってなんだろう」と聞き、食べ物の残りかすは「便」として排出されることを確認する。

「栄養を取った後の残りは便として排出している。では､おしっこって何だろう。」と言って課題を出す。

課題③　**体内から捨てられる尿は、どんなものだろう。**

② 〈自分の考え〉を書き、話し合う。

・飲みすぎてしまってあまった水分。　・食べた物に含まれていた水分。

・アンモニアというのを聞いたことがある。　・体に必要ないもの。

・わからない。

③ 〈友だちの意見を聞いて〉を書く。

・水を飲みすぎて体にあまった水分に賛成。体にいらないものを捨てていると思う。

④ 資料で調べ、確かめる。

ア）尿をつくる「腎臓」の場所を教科書などの図で確かめる（両手をグーにして背中に持って行った辺り）。

イ）「オシッコってなに？」(⇨ p.65 参照)を読む。

「オシッコってなに？」

では、オシッコは、どんなものでしょう。ふつうの人だと、オシッコをためておく「ぼうこう」に300mLたまると出したくなります。ヒトは1日に1～2Lのオシッコ（尿）を出します。

尿は、2つの腎臓に1日に約1,500Lも流れてくる血液からできています。この尿には、どんな物がまじっているのでしょう。大部分は水ですが、尿素、尿酸、アンモニアという体にとって毒になる物がふくまれています。これらは、体の中で栄養分を使ったためにできた物です。

尿の成分（%）

水	93～95
アミノ酸	0.02～0.04
食塩	0.95
尿素	2.0
尿酸	0.06～0.1
アンモニア	0.05～0.1
その他	1.27～2.12

尿は、体の中でできたいらないものを捨てるために出るのです。腎臓が、血液の中から、それをこしとって、ぼうこうにためてすてるようになっています。

腎臓のはたらきが悪くなると、血液の中のいらない物を血液からこしとれなくなり、生命があぶなくなるので、人工的にとりのぞくこと（人工透析）をしなければなりません。

『教科書よりわかる理科　小学6年』 江川多喜雄 監修　高田慶子 編著　合同出版より

・大切なはたらきがあるため、左右に二つあることを教える。

・毎年、学校で尿検査をしているのは、腎臓がきちんと働いているかを調べていることを話す。

⑤ 〈調べたこと・確かになったこと〉をノートに書く。

ノートに書かせたいこと

今日はにょうについて調べた。にょうは一日に平均約1.5し出ているそうだ。その成分の95%は水分だが、その他のものは体にとっては毒になるものだった。栄養分を使うときにできた毒をじん臓でこしとって捨てているものがにょう。ぼうこうにためすぎてはいけないと思った。

第5時　肺と呼吸

ねらい　**ヒトは、必要な酸素を取り入れて、不要になった二酸化炭素を出す呼吸を肺でしている。**

準　備

・気管と肺の図（教科書の拡大）　・石灰水　・透明なビニール袋　・丸形水槽

・1.5Lのペットボトル　・ストロー（曲がるもの）・資料「吸う空気とはく空気（児童数）

展　開

① 「食べることのほかに生きていくためにしていることは何だろう？」と聞いて、呼吸をしていることを確認する。吸っている空気は窒素78%、酸素21%、その

他１％の混合気体であることを押さえた後、「吐く空気って吸う空気と同じかな？」と言って課題を出す。

課題④　吸う空気は窒素４／５、酸素１／５の混合気体である。はく空気は同じものだろうか。

②「自分の考え」を書き、話し合う。

同じもの……２人　　違うもの……30人　　見当がつかない……１人

・同じもの。吸ってすぐに吐いているから、短い時間で変わるとは思わない。

・違うもの。吸うと体の中で体に必要なものだけが取り入れられて、いらないものだけが出されている。

・もし吐いているものが同じだったら、呼吸をしている意味がないから。二酸化炭素を出している。

・ふとんの中で呼吸すると温かい空気になって息苦しくなるから、吐いた空気は違うもの。

・空気が変わらないんだったら、宇宙に行ったときに宇宙服の中で生きられる。酸素をせおわなくていい。

※　ここまでの学習で、ヒトは「必要なものを効率よく取り込み、不要なものを出していること」に気づいている児童がいる。そのような考えを書いている児童を意識して見つけ、場面をみて発言させたい。

③〈友だちの意見を聞いて〉を書く。

・呼吸をしている意味があるのかな、と思ったから違うものに変える。

・温かくなっているから、変わっていると思った。

④　資料で調べ、確かめる。

ア）吸った息がどこに行くか聞き、空気は「気管」を通り「肺」に送られることを教える。教科書などでつくりを確認する。

　次に、肺にはどれくらいの空気が入るのかという実験をする。丸形水槽に水を入れ、水の入ったペットボトルに水上置換法で息を入れていく。人の肺は普通に呼吸しているときでも約500mL、深呼吸すると1.5～2Lも入ることを確かめる。

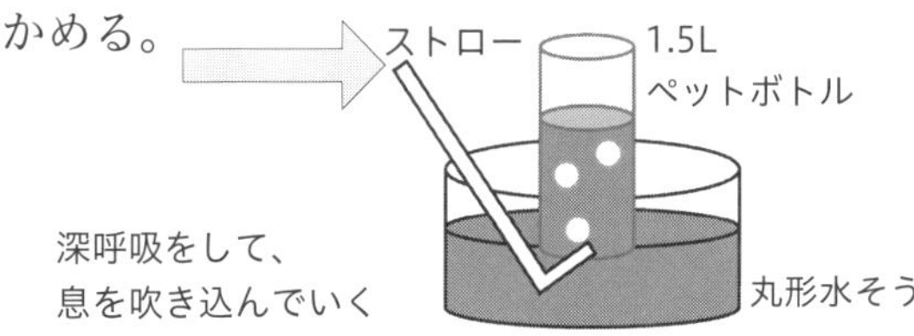

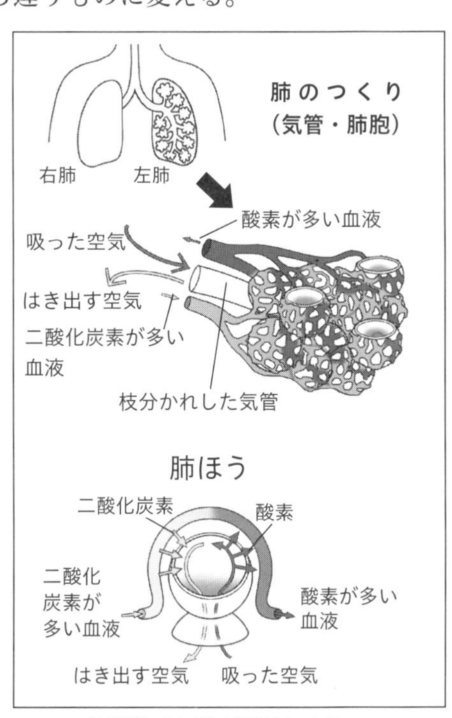

教科書「大日本図書」より

イ）話し合いのなかで「二酸化炭素が増えている」という意見が出るので、はく息を石灰水に入れて調べる。班ごとに石灰水を入れた袋を配り、まずそのままの状態で袋を振って変化がないことを確かめる。次に息を吹き込んでよく振らせる。

透明だった石灰水が白くにごっていくので、二酸化炭素が増えたことが確かになる。「全部二酸化炭素になったのかな？」と質問する。

ウ）資料を配り、空気の割合の変化を確かめる。

はく空気に酸素は約16％あり、０％ではなくまだ残っていること、二酸化炭素は約４．１％に増え、窒素はほぼ変わらないことを確認する。

※新しい教科書のなかには、「酸素センサー」や「気体検知管」で酸素の減少や二酸化炭素が増えたことを確かめているものもある。

「酸素センサー」を使うと、酸素がすべて使われたわけではないことがわかる。

「気体検知管」は、グループ実験をすると消費する本数が増え、時間もかかる。

ねらいに迫るためには、下の資料を扱いながら、「はく息は二酸化炭素が多く、石灰水を使って確かめられた」とするといい。

⑤　〈実験したこと・確かになったこと〉をノートに書く。

ノートに書かせたいこと

吸う空気とはく空気のちがいを調べたら、酸素が減って二酸化炭素が増えていた。吸った空気は酸素が多く、酸素を肺から血液に取り入れていた。酸素たっぷりの血液は全身に運ばれて使われ、つくられた二酸化炭素が肺へもどってくる。だからはく空気には二酸化炭素が多くふくまれていた。石灰水にはいた空気を入れたら、白くにごった。

吸う空気とはく空気

	吸う空気	はく空気
酸素	約21%	約16%
二酸化炭素	約0.03%	約4.1%
チッ素	約78%	約77%
水蒸気	少ない	多い

第６時　臓器とはたらき

ねらい　**ヒトの臓器の大まかな位置とはたらきを知る。**

準　備

・臓器のかかれたワークシート　・人体模型

展　開

課題⑤　**ヒトの臓器の位置とはたらきを調べてみよう。**

①　教科書や人体模型で臓器の位置を調べる。

② ワークシートなどで、臓器の名前やはたらきを確かめる。

【発展的な学習として「ヒトの骨格と脳」の学習を】STEP UP!（6時間）

ヒトは、直立二足歩行をするほ乳動物である。脚と脊椎を垂直に立てて二足歩行する動物は「ヒト」だけである（直立のように見えるペンギンは、「空気イス」の状態に近い）。カンガルーやクマなど一時的に二足歩行をする動物もいるが、「直立」ではない。

直立二足歩行を学ぶと、自分が固有の骨格や脳をもっている動物であることに気づくことができる。

授業の例

第1時　ヒトは直立二足歩行する動物

ねらい　**ヒトは直立二足歩行する動物で、手よりも足が長いため2本足で歩きやすい。**

準　備

・『2本足と4本足』（香原志勢 文　福音館書店より）の2ページから5ページ（スクリーンなどに映せるといい）、「ヒトと類人猿の体格の比較図」「人と類人猿の胴長をそろえた比較図」（『教科書よりわかる理科　小学6年』 江川多喜雄 監修　高田慶子 編著　合同出版）

展　開

課題①　**ヒトも動物である。しかし他の動物と比べると体の動かし方に大きなちがいがある。それはどんなことだろう。**

① 「身近な動物」を挙げ、私たち人間も動物であることを確認する。「ヒトも動物だが、ヒトは他の動物を比べると、体の動かし方でずいぶん違うところがあります。どんなところが違うかを考えて書いてみよう。」

② 「自分の考え」をノートに書き、発表する。討論。

③ 「友だちの意見を聞いて」を書く。数人発表する。

④ 確かめる

ア)『2本足と4本足』の2ページから5ページを読む。たいていの哺乳類は4本足なのに、ヒトは2本足でまっすぐ立って生活をしていることがわかる。「直立二足歩行」を教える。

イ)「ヒトが4本足で生活していたらどうなるでしょうか」と聞き、子どもにやって見せてもらう（いなければ雑巾がけの姿勢を思い出させてもいい。）すると、「おしりが上がって歩きにくい・前が見えにくい・前を見ると首が痛くなる」

など体のつくりが4本足に向いていないことに気づく。そこで次の資料を配る。

資料を見ると、手足の長さはさほど変わらないように見える。しかし胴の長さをそろえた左の資料を見るとヒトは足が異様に長いことに気づく。ヒトは体に合った歩き方をしている。

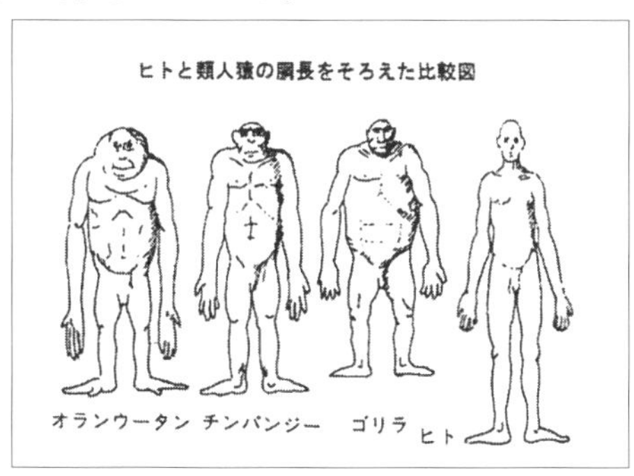

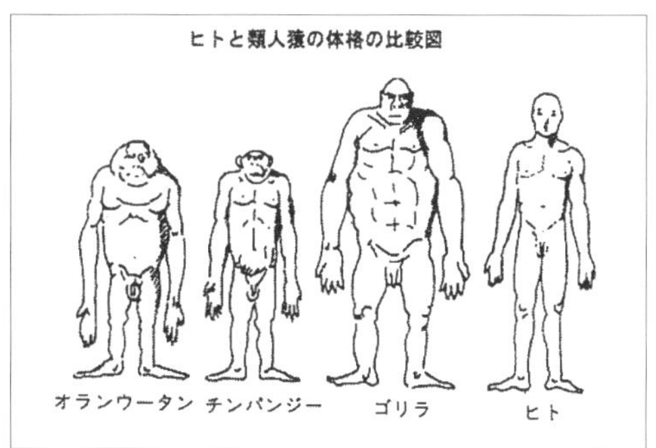

『本質がわかる・やりたくなる　理科の授業　6年』 江川多喜雄 著　子どもの未来社より

第2時　ヒトとサルの足

ねらい　**直立二足歩行をするヒトの足は骨が発達して太くなっていて、さらに重さを和らげるため足裏にアーチ形の土踏まずができる。**

準　備　・ヒトとサルの足の骨格図

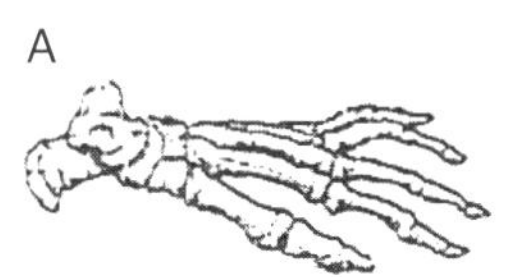

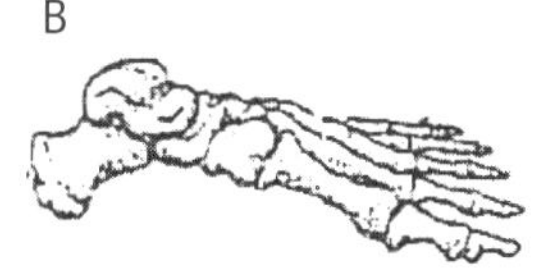

展　開

① ヒトは「直立二足歩行」をしていたことを確認してから、すぐにAとBの図を配って見せる。AもBも足の骨であることを教える。どこが違うか簡単に意見を聞いたのち課題を出す。

課題②　**AとBはヒトとサルの足の骨である。どちらがヒトの足だろう。**

② 「自分の考え」を書き、発表する。討論。

③ 「友だちの意見を聞いて」をノートに書く。数人発表。

④ 模型で調べ、確かめる。

ア）ヒトの骨格模型を見て、形や大きさからBがヒトの足であることを確認する（次の3点）。

・骨が発達して全体的に太い。

・特にかかとや親指が大きく太い。

・足の裏に弓のような大きいカーブがある。

イ）2本足で歩くことで土ふまずができて、全体重を支えやすくなっていることを話す。

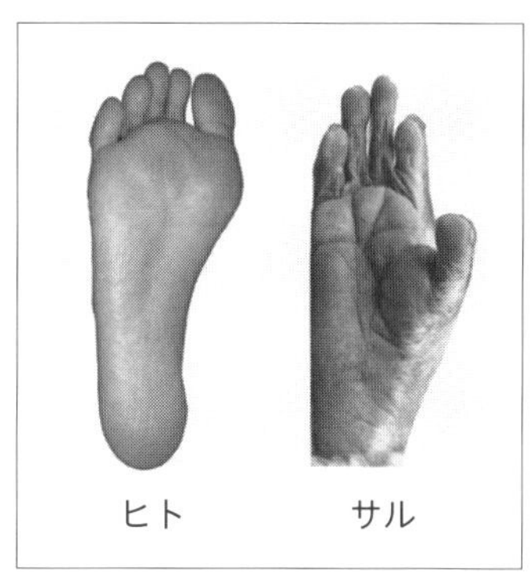

土踏まずの発達の写真

説　明

骨に大きなカーブがあるので足裏の筋肉が発達すると土ふまずができる。２本足で全体重を支えるにはぺったんこよりもアーチ形の方が支えやすい。橋やトンネルなどもアーチ形の構造を利用している。骨も筋肉も「使えば使う程発達する」ことを教える。

上履きを脱ぎ、床に足をゆっくりつけると、アーチ形になっていることが実感できる。

第３時　ヒトとサルの骨盤

ねらい　**ヒトの骨盤は、直立したとき上半身の体重を支えたり内臓を守ったりするために横に広くなっている。**

準　備　・下の骨盤の資料（児童数）

展　開

① 腰の横あたりの骨を触らせ、「骨盤（こつばん）」であることを教える。骨盤は、背骨や太ももの骨と関節で繋がっていることを確認してからＡとＢの図を配って見せる。

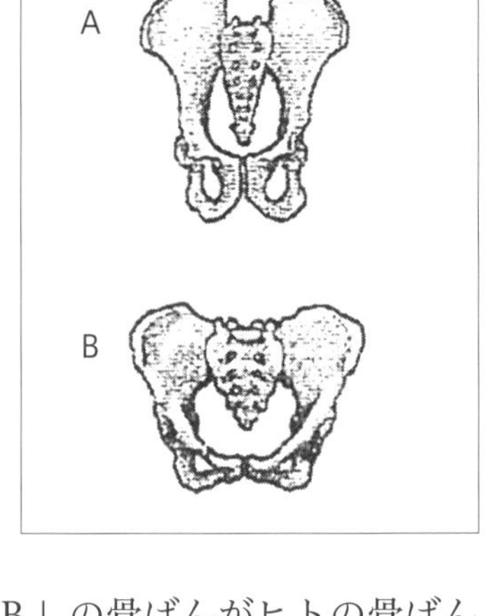

課題③　**ＡとＢはヒトとサルの骨盤である。どちらがヒトの骨ばんだろう。**

② 「自分の考え」をノートに書き、発表する。討論。

③ 「友だちの意見を聞いて」をノートに書き、数人発表。

④ 模型、資料で調べて確かめる。

ア）ヒトの骨格模型で骨盤を調べる。すると横に広い「Ｂ」の骨ばんがヒトの骨ばんであることがわかる。では、どうして幅の広い骨盤なのか。

　１．骨盤は足（他の動物でいうと後ろ足）の「軸」となる役割がある。横に広い骨盤の方が、足を前後にふりやすい。これは直立二足歩行に向いている。

　２．四足歩行動物は、腹部の内臓を腹膜というものによって脊柱からつり下げている。ヒトの骨盤は二足歩行を始めたことで、腹部の内臓（主に消化管）を支えるという新しい役割をもたせることになった。

イ）四足歩行動物（ウマ）の骨ばんの図を配る。体重を支える必要がないため骨盤は小さい。

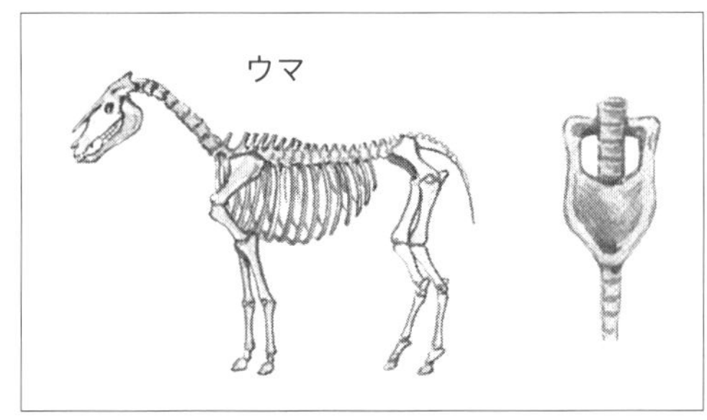

第4時　ヒトの背骨

ねらい　**ヒトは重たい頭部を支えるため、背骨の形がS字を伸ばした形になっている。**

準　備　・課題提示用の骨格図

展　開

① ウマとゴリラの骨格図を見せ、背骨の場所を確認する。

次に右の図を配り、ヒトの背骨は次のア）イ）ウ）のどれだろうと課題を出す。

課題④　**直立二足歩行をするヒトの背骨は、ア）イ）ウ）のどれだろうか。**

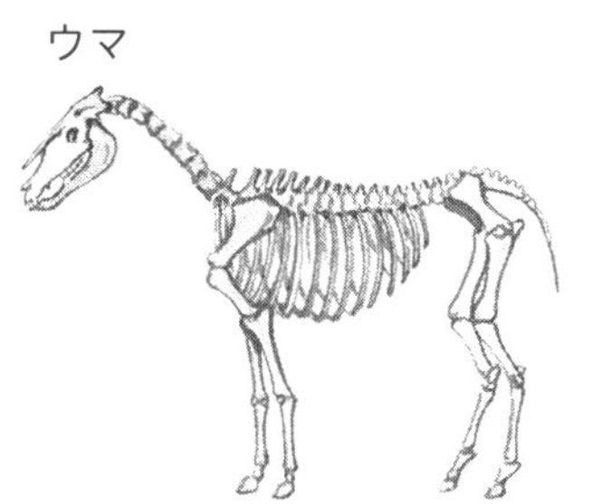

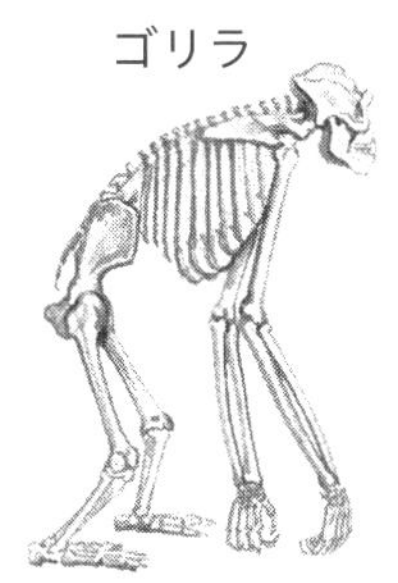

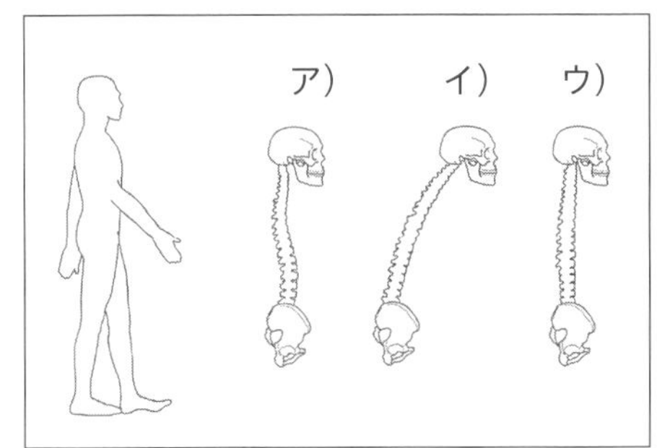

② 「自分の考え」をノートに書き、発表する。討論。

③ 「友だちの意見を聞いて」をノートに書き、数人発表。

④ 模型で調べ、確かめる。

ア）ヒトの骨格模型を横から見ると、S字を伸ばしたようになっていることがわかる。

イ）背骨の「S字バネ」は、強いアーチ構造で、クッションのように衝撃を和らげてくれている。ヒトの頭は「体重の約10%の重さ」があると言われているため、40kgの子どもでも4kgとかなり重い。さらに頭蓋骨の真下で背骨が頭を支えている構造になっている。

直立二足歩行をするヒトは、重い頭を乗せるために背骨のS字がクッションの役割をして頭を守っていることを話す。

第5時　ヒトの手

ねらい　**ヒトは二足歩行で手を自由に使えるようになり、道具をつくったり使ったりすることができる器用な手のつくりをしている。**

準　備

・「ヒトの手とサルの前足の図」　・「サルの前足と人の手のひら」（児童数）

展 開

① ヒトの手にあたるのは、サルでは前足であることを確認する。「ヒトの手とサルの前足は同じような形だろうか」といって課題を出す。

課題⑤ ヒトの手はサルの前足と同じつくりになっているだろうか。

② 「自分の考え」をノートに書き、発表する。討論。

③ 「友だちの意見を聞いて」をノートに書き、数人発表。

④ 資料で調べ、確かめる。

ア)「ヒトの手とサルの前足の図」を配り、気づいたことを話し合う。

・5本指は同じだが、オランウータンは親指が短い。

・オランウータンの手のひらは大きいため、木登りに向いている。

・ヒトの親指はほかの4本に近い形をしている。

ヒトの手とサルの前足

ヒト　オランウータン

イ)「サルの前足と人の手のひら」の図を見て、話し合う。ヒトは親指が長く、親指と他の4本の指が向かい合うようになっていることを話す。このことを対向性という。「どうしてヒトはこのような手になったのだろう？」と聞いて、話し合う。サルは足も手のように使うが、ヒトは直立二足歩行をするようになったので、物を使う手と歩く足に分かれた。

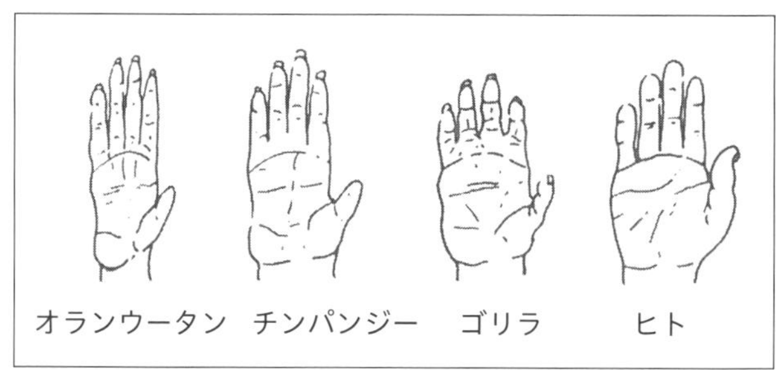

第6時　ヒトの頭

ねらい ヒトは道具を使って調理したものを食べるようになったため、歯やあごが小さくなった。

準 備

・「ヒトとサルの頭骨」・「サルとヒトの顔面と頭の部分」の図（児童数）

・「サルからヒトへ」を印刷したもの（児童数）、

展 開

① 「ヒトとサルの頭骨」の図を配って、課題を出す。

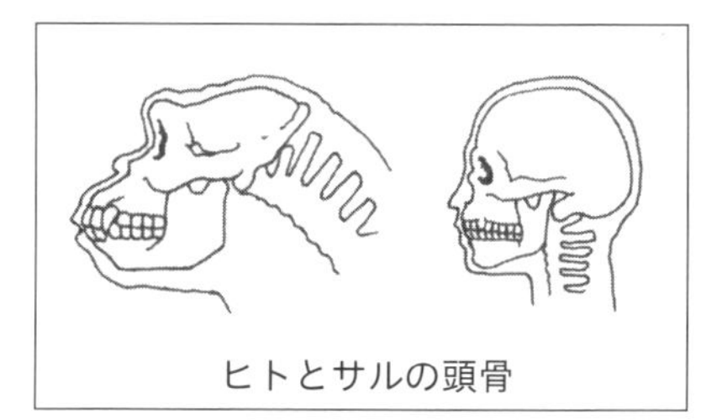
ヒトとサルの頭骨

課題⑥　ヒトの頭骨はサルと比べてどんなところが違うだろうか。

② 「自分の考え」をノートに書いて、発表する。討論。

③ 〈友だちの意見を聞いて〉をノートに書き、発表。

④ 資料で調べ、確かめる。

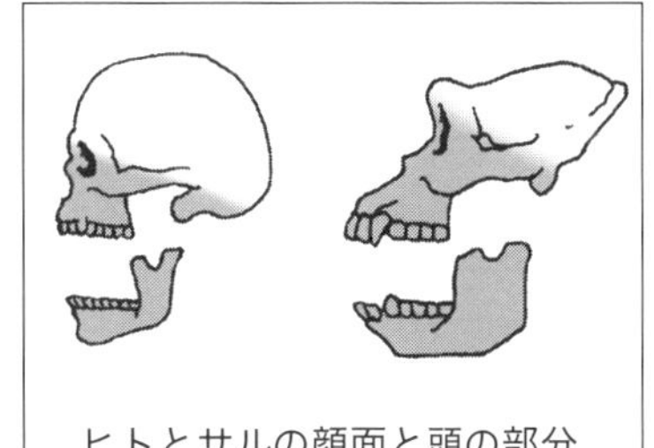

ヒトとサルの顔面と頭の部分

ア)「サルとヒトの顔面と頭の部分」の図を配って比べる。ヒトは顔面より頭の部分が大きく、あごがサルより小さいことを確かめる。

イ)「どうしてあごが小さくなったのだろう？」と質問すると、柔らかいものを食べるようになった、火や道具を使って料理をするようになったからという意見が出る。

そこで頭骨の進化の話の資料「サルからヒトへ」(『教科書よりわかる理科　小学6年』 江川多喜雄 監修　高田慶子 編著　合同出版より）を配って読む。

サルからヒトへ

ヒトのあごが小さいのはどうしてでしょう。図を見てください。

200万年ほど前の猿人から、70万年ほど前の原人、15万年ほど前の旧人、3万年ほど前の新人と、人の祖先の頭骨を見てみると、目の上の出っぱった骨がだんだん低くなり、歯やあごは小さくなってきています。

どうしてこうなったのでしょう。ヒトは直立二足歩行をするので、手を使って働くようになりました。そして、火を使って食べ物をやわらかくしたり、刃物を使って細かにきざんだりして食べることを覚えました。

ヒトの歯は、サルのようにかたい物をかじったり、かみくだいたりする必要がなくなりました。その結果、ヒトの歯やあごは小さくなってきたのです。

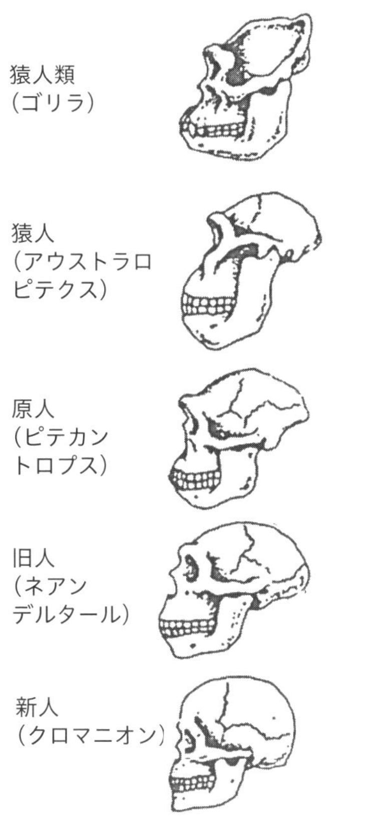

『本質がわかる・やりたくなる　理科の授業　6年』江川多喜雄 著　子どもの未来社より

単元について

「ヒトや動物の体」では、「骨格や脳」も

この単元は６社すべての教科書で１学期に扱われ、そのうち５社は「物の燃え方」の次に位置付けられている。「物の燃え方」で酸素や二酸化炭素を扱い、その学習を生かして、「人は酸素を吸って、二酸化炭素をはき出す」という事実につなげたいという意図があると考えられる。そのことは、第１時に「呼吸」を扱うことからもわかる。

「ヒト」は、生きるために栄養をとり、呼吸をし、子孫を残す動物で、そのなかでも直立二足歩行をする哺乳動物である。子孫を残すことを学ぶ「動物の繁殖」は５年生で扱うため、６年生では「栄養を消化・吸収したものを血液で運ぶ」「不要なものは排出する」（消化器・循環器・呼吸器）といった「栄養器官」を扱った学習が中心となる。体の中は直接見ることができないので、デジタル機器を活用したり、消化液の代用品や石灰水などを用いたりして、文字だけで覚える暗記学習にならないよう気をつけたい。課題として出すならば、実験などで結果がわかるものがいい。

栄養器官を学んだあとは、発展学習として「骨格や脳」の学習も行いたい。ヒトは「直立二足歩行」をしたために体が変化し、そのためにできた「Ｓ字カーブ状の形をした背骨」や「アーチ状の足の骨」「横に広い骨盤」といった固有の骨格がある。さらには「手や指を器用に使う」「頭骨や脳の大きさ」などもヒトの大きな特徴である。このように、もっとも身近な動物である「ヒト」の体を学ぶことは、自分の体のことがわかっていくことになるため、子どもたちにとっては魅力的な教材である。

3．植物の体と生活

【目標】

植物は、自分で栄養をつくって生きている。

(1) 緑の葉で、光合成をして栄養をつくる。

①動物の栄養のおおもとは、植物である。

②植物は、日光のはたらきででんぷんをつくる。（光合成）

③でんぷんは、葉の緑色の部分（葉緑体）でつくられる。

④日光によく当たるように、葉をつけている。

⑤茎は、日光のよく当たるところに葉をつける役目をしている。

(2) 植物は、いろいろな場所、いろいろなすがたで、光合成をして生きている。

①植物の体と生活する場所とは密接な関係がある。

②水中生活の植物も光合成をしている。

(3) 植物は、水や無機物を、体外からとり入れている。

①植物は、水をもとめて、地中に、根を深く、広くのばす。

②植物が育つには、土壌が必要である。

(4) 植物は、水や栄養を、全身に運んでいる。

①根から吸収したものは、道管を通って運ばれる。

②葉でつくった栄養は、師管を通って運ばれる。

③水中生活の海草などは、道管や師管がない。

【指導計画】　13時間

(1)(2) 植物の栄養は？ …………… 2時間

(3) 緑の葉と日光…………………… 1時間

(4) アカジソの赤い葉……………… 1時間

(5) 葉のつき方……………………… 1時間

(6) 茎の役割………………………… 1時間

(7)(8) オオバコの体と生活 ……… 2時間

(9) シロツメクサの体と生活……… 1時間

(10) 植物の根 ……………………… 1時間

(11)(12) 水分や栄養分を運ぶ …… 2時間

(13) 植物が育つ土 ………………… 1時間

【学習の展開】

第1・2時　植物の栄養は？

ねらい　・動物の食べ物をたどると、最後は植物に行き着く
　　＝動物の栄養のおおもとは植物である。

・植物は葉ででんぷんをつくっている。

準　備

・エタノール（エチルアルコール）　・実験用コンロ　・シャーレ
・ビーカー（200mL、2個）（500mL）
・ピンセット　・ヨウ素液　・葉（カタバミ、ジャガイモ、インゲン豆など）（教師）
・資料（ファン・ヘルモントのヤナギの木の実験）（児童分）葉はグループ分も

展　開

①「動物の食べ物をたどっていくと、最後はどうなるだろう。みんなで、考えを出し合ってみよう。知っているものを出してごらん」と始める。

子どもたちが、出すものを黒板に書いていく。ある学級では、次のような例が出た。

ライオン→シマウマ→草　虫→草　ゾウ→草　ダンゴムシ→草　ヒト→ぶた→草
クジラ→オキアミ→プランクトン（動物性→植物性）
ワシ→小鳥→ミミズ→植物　ヘビ→カエル→カマキリ→バッタ→草

②　動物の栄養のおおもとは植物であること、植物がなければ動物は生きていけないことを理解したうえで課題を出す。

課題①　**動物の食べ物のおおもとは、植物である。では、植物は、どのようにして栄養をとっているだろう。**

③〈自分の考え〉を書く。そして、討論。

「植物は根っこで土にふくまれている水、養分などから栄養をとっていると思います。」という意見が多く出される

④〈友だちの意見を聞いて〉を書き、発表する。

多くが土の中の水と栄養を吸収していると考えるだろう。日光を加える子もいる。

⑤　ここで、「ファン・ヘルモントのヤナギの実験」の資料を配り、話をする。

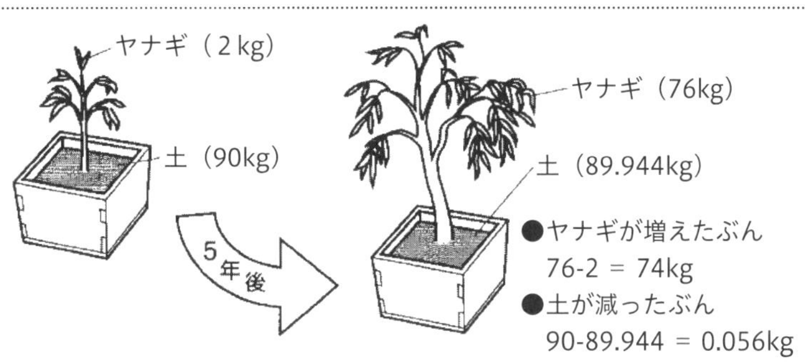

ファン・ヘルモントという科学者は1648年に、植物は水で育つと考え、それを確かめる実験をしました。

育ちの早いヤナギの苗を使いました。2kgのヤナギを90kgの土に植えて、水だけをやって5年間育てました。すると、ヤナギは76kgになり、74kg増えていました。そこで、ヤナギが増えた分だけ、土が減っているか調べてみると、土は89.944kgで、減ったのはわずかに0.056kgだけでした。

そこで、ヘルモントは、ヤナギは、水だけで74kg育ったと考えました。

『本質がわかる・やりたくなる　理科の授業　6年』 江川多喜雄 著　子どもの未来社より

この話をすると、「水だけで育つとは思わない。」「日光は当たっていたの？」という質問が出る。日光が当たっていたことを話すと、「それじゃ日光だ」「日光が当たるとよく育つもん」と意見が出る。

そこで、「ヘルモントの実験は1648年で、日光が葉に当たると、でんぷんがつくられることが明らかになったのは1862年のこと。ヘルモントの実験から200年以上もたってから、植物がでんぷんをつくって生きていることがわかった」と話す。

⑥「植物は、葉で栄養のでんぷんをつくっている。この事実を調べてみよう」と、葉のでんぷん検出の実験に入る。

⑦　実験（教師実験の後、グループ実験）

ア）でんぷん検出は5年生の発芽の学習でヨウ素液を使用している。

イ）葉の緑色が邪魔になる。葉の葉緑体をアルコールで溶かし出すことは、5年の溶解で学習したいが、そうでない場合は教える。

ウ）アルコールを直接火にかけると、引火して危険なので、湯せんという方法で行うことを知らせる。

エ）葉（カタバミが分かりやすい）を湯せんした後、水で洗い、シャーレの上でヨウ素液をたらすと、濃い紫色に変化することから、葉

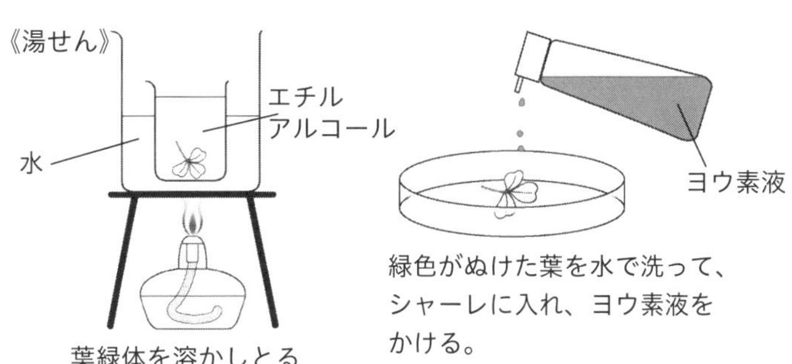

葉緑体を溶かしとる

緑色がぬけた葉を水で洗って、シャーレに入れ、ヨウ素液をかける。

にでんぷんがあることがわかる。

⑧　教師実験の後、グループ実験で確かめる。

⑨　〈実験したこと、確かになったこと〉を書く。数人発表。

ノートに書かせたいこと

葉をアルコールに入れて湯せんして葉緑体をアルコールにとかした。少し色がうすくなった葉にヨウ素液をかけて、ヨウ素でんぷん反応を見た。少しむらさき色になった。植物は水と日光が必要で、水だけでは育たないことがわかった。

日光を当てると葉はでんぷんを作っていることもわかった。

第３時　緑の葉と日光

ねらい　**緑の葉に日光が当たると、でんぷんができる。**

準　備

・前日にアルミホイルを巻き付けた葉（アサガオ、インゲン、ジャガイモ、カタバミ）

・実験用コンロ　・シャーレ　・ピンセット　・500mL ビーカー

・200mL ビーカー　・エタノール　・ヨウ素液（グループ数）

・ふ入りの葉（アサガオなど）（教師）

展　開

①「緑の葉に日光が当たると、でんぷんができることを調べたい。どのようにしたらいいか、自分の考えを書いてみよう」と言って課題を出す。

課題②　**緑の葉に日光が当たると、でんぷんができることを調べたい。どのようにしたらいいだろう。**

②〈自分の考え〉を書く。そして、討論。

「日かげに生えていた葉と、日なたに生えていた葉を湯せんして、ヨウ素液をかけると、どのくらい黒くなるか見ればいいと思う。」「日光に当てた葉と当てない葉、それぞれ葉緑体をぬき、ヨウ素液をかけて、ヨウ素でんぷん反応が起きるか調べ、反応が起きたらでんぷんがあり、なければでんぷんがないと思う。」

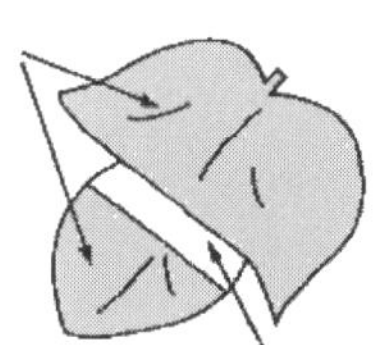

このような意見が出る。日光に当たった葉と当たらなかった葉を比べるという考えが出ればいいだろう。

③　実験（グループ実験）

上の図のように、１枚の葉に、前日アルミホイルを巻き付けておく。日光が当たる部分と当たらない部分ができる。教科書は１枚の葉全体をおおって日光が当たらないようにしているが、この方法だと、１枚の葉の中に日光の当たっている部分と当たっていない部分ができ、視覚的にもはっきりした比較実験ができる。

日光のはたらきで、栄養物（でんぷん）を作ることを「光合成」ということを教える。

④　〈実験したこと、確かになったこと〉を書く。

ノートに書かせたいこと

まず、１枚の葉の真ん中にアルミホイルを巻いて、日光に当てた。そして、アルコールに葉を入れ、湯せんして葉緑体を落とした。その後、水で洗って、シャーレに入れた。そして、でんぷんがあるかどうかヨウ素液をたらすと、アルミホイルを巻いた場所だけが見事に黒くならなかった。このことから、日光が当たらないと、でんぷん（養分）を作らないこと、そして、日光をエネルギーとしてでんぷん（養分）を作ることを、光合成ということがわかった。

実験は、料理番組スタイルで！

実験方法が決まって、準備となると、翌日まで結果を見ることができないので、なるべくその時間で結果を出したい。この課題の場合は、子どもたちの考える実験方法が予想できるので、それに合った用意ができる。そのため、前日に教師が準備しておくと、すぐに実験に入ることができる

⑤　つけたしの実験　STEP UP!　（教師実験）

・アサガオや観葉植物の葉には白い部分がある。ふ入りの葉の白い部分はでんぷんを作るかを調べる。
・葉緑体がある部分ででんぷんを作ることを確認する。

⑥　〈付け足し実験〉をノートに書く。

葉緑体のないところはヨウ素液の茶色のままでした。葉緑体があるところは黒くなっていました。葉緑体がないと日光が当たってもでんぷんはできないことがわかりました。

第４時　アカジソの赤い葉

ねらい　**赤く見える葉にも、葉緑体があって光合成をしている。**

準　備

・赤ジソの葉　・ヨウ素液　・エタノール　・実験用コンロ
・湯せん用ビーカー（大小）　・シャーレ　・ピンセット

展　開

①　赤ジソの葉を見せて、課題を出す。

課題③　**アカジソの赤い葉でも、光合成しているだろうか。**

② 自分の考えを書く。数人発表、討論。

「葉の色がちがうだけで、日が当たれば、光合成をしていると思う。」

「アカジソは緑色ではないから、葉緑体はないと思うから、光合成をしないと思う。」

③ 〈友だちの意見を聞いて〉を書く。

④ 実験をする。(グループ)

ア）湯せんをすると、赤い葉が緑色に変わり、エタノールが緑色になる。

イ）ヨウ素をつけると、ヨウ素でんぷん反応をする。

⑤ 〈実験したこと、確かになったこと〉を書く。数人発表。

ノートに書かせたいこと

赤ジソの葉をアルコールにつけ湯せんし、ヨウ素液をたらす実験をした。葉はヨウ素でんぷん反応をしたので光合成しているとわかった。また、アルコールは緑色になっていたので、アカジソにも葉緑体がふくまれており、色素が赤などの葉も葉緑体があるので、日光に当たると光合成することが確かになった。

第5時　葉のつき方

ここからは、光合成をしていることから、植物の体のつくりや生活を見る学習になる。

ねらい　**植物は生きていくために、日光がよく当たるように「葉」をつけている。**

準　備　・校庭の植物（どれを観察させるか下見をしておく）

展　開

① 「植物にとって、葉は大事なものだった。植物は、生きていくために、葉をどのようにつけているのだろうか。」と質問をし、課題につなげる 。

課題④　**植物は、生きていくために、葉をどのようにつけているだろう。**

② 〈自分の考え〉を書く。そして、討論。

・「葉の表が日光に当たるようについていると思う。理由は、葉の表で光合成をしているからです。」

・「葉を重ならないようにたくさんつけていると思う。すべての葉に日光を当てるために重ならないようにしていると思う。」

③ 〈友だちの意見を聞いて〉を書く。

・「日光の当たりやすい上の葉は小さく、当たりにくい下の葉は大きいと思う。」

重ならないように
葉をつける

④　観察をする。

ア）校庭に出て、草や木を観察する。

イ）草を上から見たり、木の下から見たりする。

ウ）葉の重なり方、大きさなどを見る。

⑤　〈観察したこと、確かになったこと〉を書く。数人発表。

ノートに書かせたいこと

葉は光合成によってより多くのでんぷんを作るために、葉が重ならないようになっている。上から見ると、全部重なっている葉はなかった。また、木の中には、葉は少なく、外側には多かった。その理由は、外側の葉に光がさえぎられたためだと考えられる。また、他の植物も同じように日光が当たりやすいように規則的に葉がついていることがわかった。そして、上から見ると、円のようになり、下の葉は上の葉より大きくなっていることがわかった。

第6時　茎の役割

ねらい　**茎は、日光の当たるところに「葉」をつける。**

準　備

・2週間ほど前に、鉢植えの植物を教室の窓辺に置いておく。ヒマラヤスギ、ケヤキ、サクラなど観察する大きな木を決めておく。クズやヤブガラシなどツル植物が繁茂しているものがあるといい。

展　開

①　教室の窓際の植木鉢を見せる。茎が外を向いて曲がっている。課題を出す。

課題⑤　**窓辺の植物が窓の外に茎をまげてのびていた。これはどうしてだろう。**

②　〈自分の考え〉を書く。数人発表、討論。

「日光を受けて光合成するためだと思う。だから、茎を曲げたりして、葉の表側を太陽に向けていると思う。」

「植物は、なるべく日光に当たるように、日光がよく当たる窓の方に曲がっていったと思う。」

みんな同じ意見なので〈友だちの意見を聞いて〉は省略する。

③　光合成をするために、茎を伸ばしている事実が見られるか、観察をする。

校庭で一番高い木

④　校庭で一番高い木、フェンスにからみついたクズ、サツマイモのつるの下などを観察する。

⑤　〈観察したこと、確かになったこと〉を書く。数名発表。

ノートに書かせたいこと

植物は、日光を浴びて光合成をし、でんぷんを作り、栄養を得るためになるべく日光が多い所へ行こうとして、くきを曲げたり、のばしたりしていることがわかった。とくに、つるの植物は、他の植物やフェンスなどにつかまって、自分を高くのばして行くことがわかった。そして、木は枝を高く外側にのばしていき、光合成をすることがわかった。サツマイモの畑と、トマトなどの畑を比べると、雑草はトマトなどの畑の方が多く生えていた。このことから、サツマイモはツルをのばし、雑草の生える余ゆうがなく、光も入ってこないのだなということがわかった。植物のくきがのびていく理由は、光合成をして、栄養をとろうとできるかぎり日光に近づこうとしてのびていくことがわかった。

フェンスにからみついたクズ

写　日光取りのようすの写真

第７・８時　オオバコの体と生活

ねらい　**（７時）オオバコの茎は、地中にうまってしまうほど短い。**

準　備

・オオバコ（できれば１人１株、前時に採取。根に水をふくませたティッシュペーパーで包み、それをアルミホイルで包んでおく。）

展　開

①　オオバコを見せ、「根と葉は分かるけど、茎はどこか？」と課題を出して、オオバコを配る。

課題⑥　**オオバコの体はどんなつくりになっているだろう。調べてみよう。**

②　観察をする。

ア）根、茎、葉、穂（花）を確認する。

イ）それらがついている場所が茎だと教える。

ウ）葉脈、花軸も教える。（葉脈を引き出したり、花軸ですもうをしたりする。）

③　スケッチをし、見つけたことを書く。（ノート例）

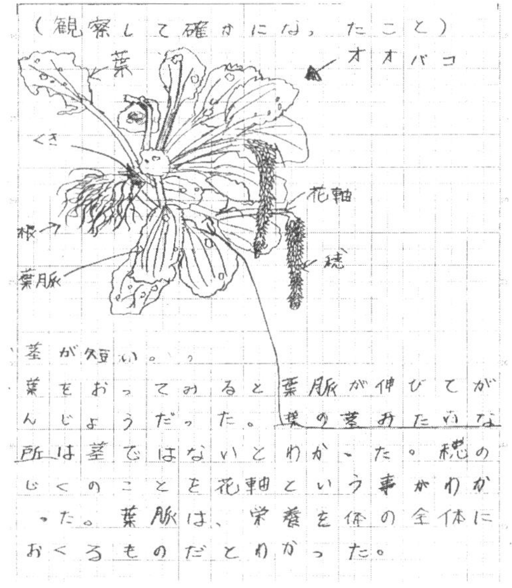

（観察して確かになったこと）

茎が短い。

葉をおってみると葉脈が伸びてがんじょうだった。葉の茎みたいな所は茎ではないとわかった。穂のじくのことを花軸という事がわかった。葉脈は、栄養を体の全体におくるものだとわかった。

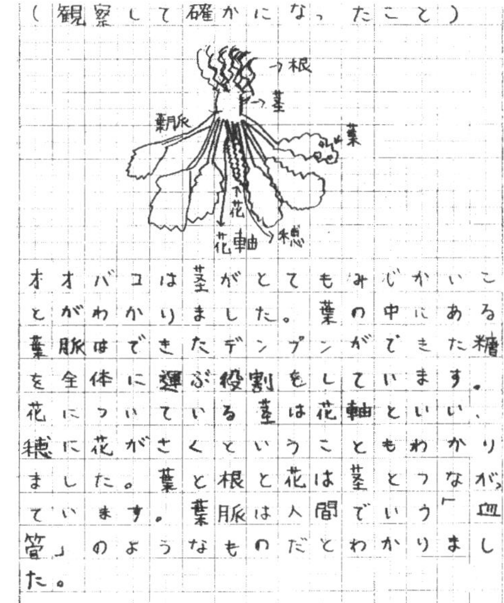

（観察して確かになったこと）

オオバコは茎がとてもみじかいことがわかりました。葉の中にある葉脈はできたデンプンができた糖を全体に運ぶ役割をしています。花についている茎は花軸といい、穂に花がさくということもわかりました。葉と根と花は茎とつながっています。葉脈は人間でいう「血管」のようなものだとわかりました。

ねらい　**（8時）茎の短い植物は、人に踏まれるような場所で生きている。そこは、日光がよく当たり、光合成しやすいからである。**

準　備　・オオバコが生えている場所があれば、そこで観察をする。

展　開

①　オオバコが生えている場所に行き、課題を出す。（場所がなければ、写真や絵本などを利用する。）『おおばこ』菅原久夫 文　白根美代子 絵（福音館書店）『りかやさんすうがすきになる　2年のよみもの』（学校図書）の『オオバコ』真船和夫 文

課題⑦　**オオバコがヒトに踏まれやすい所に生えているのはどうしてだろう。**

②　観察をする。（観察ができなければ、本などを利用する）

ア）校庭のはし

イ）通路

人の歩く通路に育つオオバコ

③　校庭のように、周りに草のない場所や、人の歩く通路に育っていることを確認する。オオバコのような茎の短い、背の低い植物が光合成をして生きていくためには、周りに背の高い植物がない、条件の悪い場所に生えていることが分かる。

④　雨が降ると、種がネバネバするので、人の足や車のタイヤなどについて運ばれ、発芽することを教える。

⑤〈観察したこと、確かになったこと〉を書き、数人発表。

ノートに書かせたいこと

オオバコが生えている場所は、周りになにもなく、人にふまれたり、コンクリートが近くにあったりする場所だった。なぜこのようなあれた場所に生えているのかというと、オオバコはほとんどくきがなく、背が高い草が近くにあると、かげになってしまってかれてしまうからだ。だから、オオバコは周りに何もなく、背が低くても日光をあびられるあれている所に生えているのだとわかった。あと、オオバコはくきがほとんどないから、ふまれても折れないし、種はネバネバしていて、人間や動物にくっついて運んでもらうというように、人間を利用していることもわかった。

第9時　シロツメクサの体と生活

ねらい　**シロツメクサは、茎を地面にはわせて葉をつけ、光合成をして生きている。**

準　備　・シロツメクサが群生していれば、その場所で授業。(なければ、群落の写真)

展　開

①　シロツメクサ（クローバー）の群生をしている場所で、課題を出す。

課題⑧　**シロツメクサが光合成をして、生きていくしくみを見つけよう。**

シロツメクサの群生

写　オオバコ、シロツメクサの写真

②　すぐに観察をする。

群生している場所には、背の高い植物はない。シロツメクサが茎をのばし、一面場所をとっている。逆に背の高い植物がある所には、シロツメクサは生えていない。

③〈観察したこと、確かになったこと〉を書き、数人発表。

ノートに書かせたいこと

シロツメクサは、くきがやわらかくて、オオバコと同じように人にふまれても大じょうぶだ。シロツメクサは、地下けいという方法でくきを地下にのばし、仲間を増やして、あたり一面をシロツメクサにして、雑草が生えないようにしている。しかし、日光が地面に当たると、雑草が生え、場所争いがおきて、シロツメクサが負けることもある。こうして、争いをくりかえしながらも領地を守っていることがわかった。

このことから、シロツメクサは地下けいで仲間を増やしていることがわかった。

「植物の体と生活」で、個体維持（光合成をして自分が生きている）と、種族維持（種子をつくって子孫を残す）の両面が見えるようにしたい。

光合成が個体維持だけでなく種族維持にとっても大切な営みであることに気付かせたい。

第 10 時　植物の根

ねらい　**植物は、水分と土の中の栄養分を吸収するために、根を長く伸ばす。**

準　備

・ダイコンの種の発芽したもの（根毛がついている）〈シャーレに種を入れ、浸るくらいの水を入れておくと１週間くらいで発芽する〉

・ツユクサの根毛（ツユクサの茎を水にさしておくと根が出てくる）

・植物の根の長さと広がり（資料）人数分

・タンポポの根の写真なども手に入れば用意する。

展　開

①「植物の体には、水分が 70%」

「ヘルモントの実験で減っていた土の重さは約 60g、土の中の栄養分を吸収するのは根。土の中の水分や栄養分を吸収するために根をどのように伸ばしているだろう。」と言って課題を出す。

課題⑨　**植物は土の中の水分や栄養分を吸収するため、根をどのようにのばしているだろう。**

②　自分の考えを書き、発表、討論。

「さまざまな方向に根をのばし、根はからみ合っていると思います。根を広くはりめぐらせることで、より多くの水分・栄養分を吸収することが出来るからです。」

③〈友だちの意見を聞いて〉を書き、発表する。

④　観察をする。

ア）根を長く、広くのばしている事実を資料プリントで見る。

いろいろな植物の根の広がり

植　物　名	草たけ(cm)	根の深さ(cm)	根の広がり(㎠)
ヒマワリ	約 200	約 120	約 5300
トウモロコシ	10 ～ 300	約 240	約 40000
トマト	100 ～ 150	約 120	約 27000

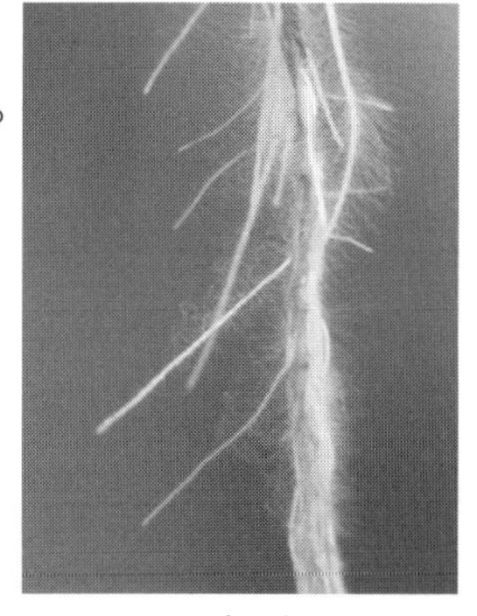
ツユクサの根毛

イ）ダイコンの種子を見せ、根毛も観察する。発芽するときだけ根毛ができると思わないように、ツユクサの新しい根についている根毛を観察する。

根毛は、根の表面積を大きくして、地中の少ない水分を吸収しやすくしているのである。

⑤ 〈観察したこと、確かになったこと〉を書き、数人発表。

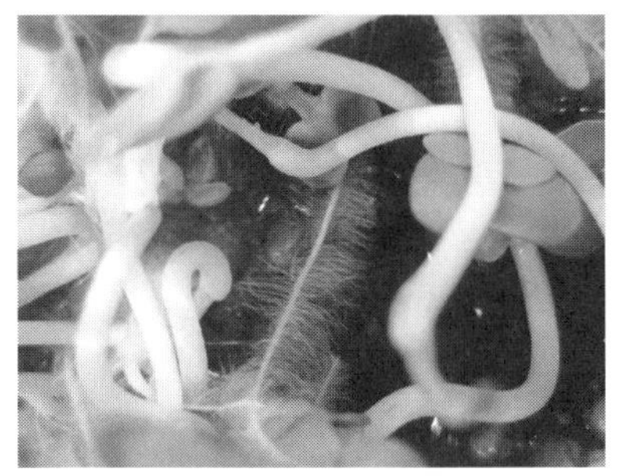

ダイコンの根毛

写  ダイコン、ツユクサの根毛とホウセンカ、セロリの着色実験の写真

ノートに書かせたいこと

ダイコンの根を観察した。すると、根にはふわふわしたものがついていて、これは根毛ということがわかった。ツユクサの根もふわふわした根毛がついていて、根は分かれながらのびていた。ツユクサは横にのびていく植物で、くきからも根がのびていて、よりたくさんの水や栄養を土から吸収しようとしていた。タンポポは根が地下深くまでのびていて、その深さは１m以上で、横には根毛ものびていた。このことから、根はよりたくさんの水や栄養を吸収するために、根毛をはやしたり、地下深くまで根をのばしたりして、土にふれる面積が広くなるようにしていることがわかった。

第 11 時　水分や栄養分を運ぶ

ねらい　**植物の体には、水分や栄養分を運ぶ管がある。**

準　備（グループ観察）

・植物染色剤にさした植物（ホウセンカ、セロリ）〈セロリは数時間で染まりやすい、ホウセンカは一晩つけるといい〉　・虫眼鏡　・ピンセット　・カッター

展　開

① 植物の体には、根で吸収した水分や栄養分を茎や葉に運ぶ管があるか聞いて、課題にする。

課題⑩　**植物は根ですいとった水や栄養分を茎や葉に運ぶ。茎や葉には、そのための管があるか、調べてみよう。**

② 観察をする。

ア）ホウセンカは、葉の先まで赤くなっている。（植物染色剤だと染まりやすい）

イ）茎をたてや横に切って、赤い筋があることを確認する

ウ）水分を通す「水道管」だから「道管」と教える。

エ）葉の栄養を運ぶ管を師管と教え、セロリの維管束を取り出す。（セロリは取り出しやすい。）

③ 〈観察したこと、確かになったこと〉を書き、発表する。

ノートに書かせたいこと

ホウセンカ、セロリを着色ざいの入った水に入れておいた。ホウセンカのくきや葉が赤くなっていたことから、根から吸収した水は全体にまわっていることがわかった。くきを輪切りにすると、一部色が変わっていたので、水を通す管があることがわかった。水を通す管を道管ということがわかった。また、でんぷんを糖に変え、糖を運んでいる管を師管ということがわかった。セロリやホウセンカのくきを縦や横に切ったら、道管がきれいに見えた。植物には、水や糖を運ぶ管があることがわかった。

第12時　葉から水分をすてる

ねらい　**植物は余分な水分は、葉からすてている。**

準備

・前日から葉のついている木の枝や、ジャガイモ、インゲン豆などの葉にビニル袋をかけておく　・ツユクサ　・顕微鏡（グループ）

展開

① 「葉のついた木の枝に、ビニル袋をかぶせておくと、中に水がたまるか」と聞いて課題にする。

課題⑪　**葉のついている枝に袋をかぶせておくと水てきがついたり、水がたまるだろうか。**

② 〈自分の考え〉を書き、発表、討論。

「水てきがついたり、水がたまったりしていると思う。葉に日光が当たり、葉の中の水分が蒸発したからだと思う。」

「根から吸い上げた水が蒸発したからだと思う。」

③ 〈友だちの意見を聞いて〉を書く。数人発表。

④ 観察をする。

ア）水がたまっている様子を見に外に出る。（前日に準備をしておく）

イ）葉の気孔を見る。（ツユクサ）

水の出る穴、葉の気孔を見る。顕微鏡で、ツユクサなどの葉の気孔を観察する。

出来れば、テレビに投影し、全員で確認をしたい。教科書にも写真がのっているので利用したい。

⑤ 〈観察したこと、確かになったこと〉を書き、数人発表。

ノートに書かせたいこと

ふくろに水てきがついていたり、水がたまったりしていた。それは根から吸い上げられた水が道管を通って葉まで行き、新しい水をまた吸い上げるために蒸発しているからだとわかった。また、葉から蒸発することを「蒸散」といい、蒸散は葉の「気こう」という所からしているということもわかった。けんび鏡で気こうを見てみると、目のようになっていた。それは、晴れている時はたくさん蒸散するために目を開けて、雨の時は蒸散しなくていいから目も閉じるというふうにするためだとわかった。植物は常に新しい水を吸い上げるために蒸散するということが確かになった。

資料

コンブやワカメなどの体

ワカメの根

仮根（かこん）

岩

水中生活のコンブやワカメなどは、全身が葉のようなもので、全身で光合成をし、全身で水分を吸収している。したがって、地上の植物のように長い根を必要としない。岩にくっついているだけのもので「仮根」という。

コンブやワカメなどは、空気中に出すと、たちまち乾燥してしまい生きていくことができない。地上の植物には、それを防ぐかたい表皮がある。そして地中の根だけから水分を吸収し、地上の葉で光合成をする。そのため、水分や栄養物を全身にすみやかに運ぶしくみが必要になり、維管束が発達した。

この進化に関わる教材として、海ソウをとり上げたい。進化を教えるわけではないが、水中生活の植物と陸上生活の植物の違いをみることは意義があると思う。生活場所と体のしくみに目を向けることにもなる。

次のように学習を進める。

① 「植物は、土の中に根を長く、広くのばしているね。コンブやワカメなどの海ソウにも長い根があるだろうか」と課題を出し、話し合う。「水中生活だから、体全体で水を吸ったり、出したりしていて、長い根はないと思う」というような意見が出ればいい。

② 実験・観察（実物があるといい。ない時は、図や写真を使う。）

岩にくっついているワカメの根を見る。短い根が岩をつかんでいる。（仮根）

次に、乾燥したワカメを水の中に入れて比べる。ワカメはたちまち水を吸収して生のようになる。

よく水洗いしたワカメはしょっぱくないことから、水だけを吸収していること、体全体で水分を吸収するので、道管や師管は必要ないことを話し、最後に次のことを話す。「陸上の植物は、茎が長いほど日光にあたりやすく、光合成もよくできるようになるが、根で吸った水分や葉で作った栄養は運びにくい。そこで、道管や師管が必要になる。水中のワカメやコンブなどは、いつも体全体で栄養をつくったり、水分を吸収したりしているので、便利なように思うが、陸上に出ると、すぐに乾燥してしまい、生きていけない。陸上の植物の体には、かたい皮があって、乾燥しにくくなっている。

『本質がわかる・やりたくなる　理科の授業　6年』 江川多喜雄 著　子どもの未来社より

第 13 時　植物が育つ土

ねらい　**植物が育つためには、土壌が必要である。**

準　備

・腐葉土　・黒土　・腐葉土置き場があれば、そこを観察する。

展　開

① 「田んぼ､畑では農作物を育てるために肥料をやる。自然の植物はだれも肥料をあたえていないのに育つのはなぜだろう」と言って課題を出す。

課題⑫　**野山では、肥料をやらなくても植物が育っている。これはなぜだろう。**

② 〈自分の考え〉を書き、発表、討論。

「落ち葉や動物のふんなどが肥料の代わりになっているから､肥料をやらなくても育つと思う。」

「ミミズなど土にもぐる虫や動物が土をひっくり返して、耕していると思う。」

③〈友だちの意見を聞いて〉を書く。

④ 腐葉土置き場に行って観察をする。

ア）葉が腐って、ミミズや虫がいる。

イ）ふわふわしている。

ウ）湿り気がある。

腐葉土置き場を掘ると、葉がボロボロになって土にまじり、腐葉土になり、黒土になっている。ミミズやダンゴムシ、ゲジゲジなどいろいろな虫が見つかる。その動物のふんや死がいも土に含まれていることもわかる。ミミズなどが土の中を動き回って、土をやわらかくしていることも観察できる。

⑤ 〈観察したこと、確かになったこと〉を書く。数人発表。

ノートに書かせたいこと

調べるために学校の裏に行き、そこの土や生き物を観察した。土の上には落ち葉が落ちていて、少しほり返すと下の方の落ち葉は黒くしめっていて、そこに何かの幼虫やミミズ、ダンゴムシ、ゲジゲジなどがいた。土はしめっていて、やわらかかった。これらのことから自然では、土の中にいる小さな虫が、落ち葉などを食べて出したふんや、たおれた木や落ち葉がくさった物、生き物の死がいなどが肥料になっているとわかった。また、雨が降ったときに土の上にある落ち葉が、水が蒸発しないようにしているから、人間が水をやらなくても土がしめっていることや、ミミズなどが土の中を動いて土を耕していることもわかった。

単元について

光合成を通して植物を見る

動物が、捕食する生物であるのにたいして、植物は、自分で栄養をつくって生きている生物である。動物は従属栄養生物で、植物は独立栄養生物であるという。独立栄養とは、無機物から栄養物（有機物）をつくっていることである。

ここでいう植物は、葉緑素をもつ緑色植物である。緑色植物は、葉緑体で、日光のはたらきによって、栄養物（有機物）をつくっている。これを光合成という。植物は、光合成をして生きている生物である。

そこで、生きるために＝光合成するために、緑の葉を日光がよく当たるようにつけている。茎は、日光を求めてのびている。

だから、茎の長い植物は、日光とりに有利といえる。しかし、シロツメクサのように地表をはったり、オオバコのように地中に入っているほどの短い茎しかもっていない植物もある。それらも、それぞれに日光の当たりやすい所で生きている。光合成を通して、植物を見ると、多様な植物の存在が見えてくる。

これまで、あまり気にもとめず見ていた身の周りの植物を見直すことになる。光合成を駆使して、植物の体と生活をさぐっていくと、植物が光合成をして生きている生物であることが、豊かにとらえられると同時に、多様な植物の存在が理解されるのである。

小学校では、光合成のメカニズムは扱わない。日光との関わりで、植物の体と生活をとらえることに重点を置く。

4．月と太陽

【目標】

●地球は自転しながら太陽の周りを公転している。
●月は太陽光を反射して光って見え、さらに地球の周りを回っているため満ち欠けしているように見える。

(1) 地球は大きな球体で、さらに大きい太陽の周りを回っている。
(2) 地球は、西から東へ１日に１回自転している（地球の自転）。
(3) 地球は、太陽の周りを１年に１周公転している（地球の公転）
(4) 月は地球の周りを約 29.5 日で１周するため、地球から見える形が変わって見える。
(5) 太陽と月がほぼ同じ大きさに見えるのは、月よりも太陽の方が地球から遠いためである。

【指導計画】　５時間

(1) 地球の形……………………………… 1時間
(2) 昼と夜がおきるわけ…………………… 1時間
(3) 季節によって見える星座……………… 1時間
(4) 地球の衛星「月」 ……………………… 1時間
(5) 日食がおこるわけ……………………… 1時間

【事前準備】

月の満ち欠けを扱うため、事前に以下のことを確かめておく。
(1) 学習する時期に見える月のおおよその形（新月・上弦の月・満月・下弦の月）
(2) 夕方に三日月が見えた日から１週間程度、「月の形」と「月があった方向」を調べさせておく。
※担任であれば、朝の会などで毎日確かめて記録しておく。できれば写真に撮っておくと授業で活用できる。

【学習の展開】

第１時　地球の形

ねらい　**地球は、ほとんど凹凸のない大きな球形をしている。**

準　備

・地球儀　・模造紙などで作った直径１ｍの円（地球のモデル）

・富士山などの高さを印刷したもの（板書用）

展　開

①　地球儀を見せ、これまで地球についてどんなことを学んだか聞く。

「地層」「酸素や窒素などの空気があること」「森や山、川など自然」などが出る。

直径１ｍの円を黒板に貼る。「これは直径１ｍの円です。これが地球だとすると、日本一高い富士山はどのくらいの大きさになるかな。」と言って、課題を出す。

課題①　地球の直径を１ｍとすると、富士山の高さはどれくらいだろうか。

②　「自分の考え」を書く。

③　考えた大きさを黒板に書かせながら、いろいろな理由を話し合う。

・地球は思っている以上に大きいから、２～３mmぐらいだと思う。

・１ｃｍはあると思う。

・富士山は日本一だから、もっと大きい。５ｃｍ？

④　地球の直径を教える。

「直径は 12,742 ｋm（およそ 12,000 ｋm）だから、メートルにすると、12,000,000 m。つまり、1 ／ 12,000,000 に縮めていることがわかる。富士山 3,776 mを同じように縮小にすると、

3,776 m ÷12,000,000 ≒ 0.000314 m
≒ 0.0314 ｃm
≒ 0.314 mm（約 0.3 mm）

「およそ、0.3 mmになって、１mmよりも小さいのです。」

地球を１ｍとすると、富士山は１mmよりも小さいことに子どもたちは驚く。つまり、それだけ地球が大きいということがわかる。

その他、◆世界一高い山のエベレスト（8,848 m）　≒　約 0.7 mm

◆世界一深いマリアナ海溝（10,911 m）　≒　約 0.91 mm

◆ヒトが呼吸できるレベルの空気がある所（約 10,000 m）≒　約 0.83 mm

※この薄い層によって、地球上の生物は生きていくことができる。

Ｔ：「高いと思っていた山もほとんど見えないね。地球はどんな形をしている？」

Ｃ：円の形をしている。円ではなく「球」だ。

Ｔ：「地球を外から見ると、地球はほとんど凹凸のない球形をしているのだね。」

⑤ 〈調べたこと・確かになったこと〉をノートに書き、数人発表させる。

ノートに書かせたいこと

今日は、地球について考えた。地球には高い山があるけれど、エベレストでも地球の大きさを１ｍとして考えると０．７ｍｍほどの大きさ。人間が吸える空気があるところも０．９ｍｍでした。家の近くには坂道が多いけれど、地球の大きさから考えると坂ではなく、地球はほとんど球の形をしているということが確かになった。地球は大きい。

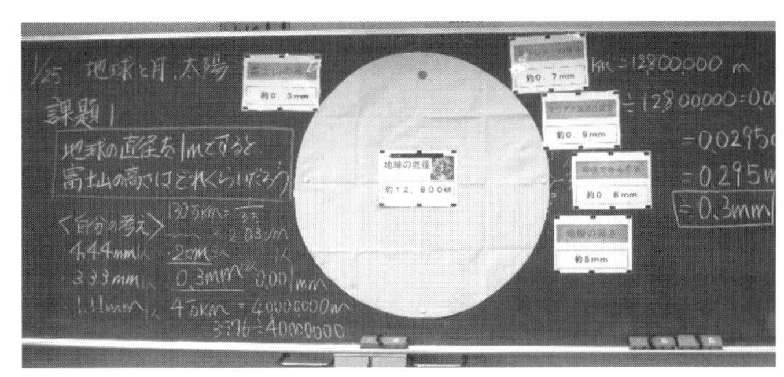

第２時　昼と夜がおきるわけ

ねらい　**地球は、地軸を中心にして自転している。**

準　備・光源装置　・地球儀　・日本の位置に貼る目印になるもの（小さな人形）

展　開

① 地球儀を見せ、みんなが住んでいる日本に目印（小さな人形）をはる。

「みんなが住んでいる日本はここ（指をさす）です。住んでいると、毎日朝が来て、夜がきます。これはどうしてでしょう。」

課題②　**１日に昼と夜があるのはどうしてだろうか。**

② 自分の考えを書き、話し合う。

※ノートに図を書かせ、投影機でテレビに映して意見を言うといい。

・太陽が当たっているから昼で、太陽が当たっていないと夜になると思う。

・太陽が動いているから昼と夜が来る。

③ 〈友だちの意見を聞いて〉を書かせる。

④ 光源装置と地球儀で確かめる。

回転させて「夜」の場合を確かめる。何度か地球儀を回す。太陽が当たっているから昼で、当たらないと夜とわかる。地球が地軸を中心にして「コマ」のように１日に１回転していることを「自転」ということを教える（傾きは23.4°）。

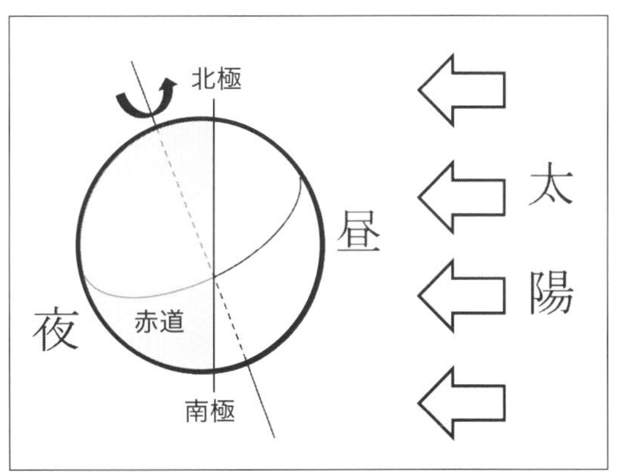

昼と夜の境界が「夜明け」と「夕暮

れ」になることを確認して、地球はどっち向きに回転しているか確かめる。太陽が東から昇り西に沈むことから、西から東に回っていることがわかる。

「初日の出」のTV中継を見ると、東京は明るくなっているのに、九州や沖縄はまだ暗い。自転により日の出、日没の時刻がちがうことを話す。

⑤ 〈調べたこと・確かになったこと〉をノートに書き、数人発表させる。

ノートに書かせたいこと

地球は、毎日1回転していた。これを「自転」という。自転は地じくを中心に回転していて、地じくは23.4°かたむいていた。東京に太陽がのぼり始めるとき九州はまだ暗くて、日本の中でも朝と夜の時間がちがうところがあることにおどろいた。自転しているから、昼と夜があった。

第3時　季節によって見える星座

ねらい　**地球は自転しながら太陽の周りを回っているため、季節によって見える星座が違う**

準　備

・光源装置（360°照らせるものなら1つでいい）　・地球儀

・四季に見られる星座の絵4枚

展　開

① 最近、見える代表的な星座を聞きながら、春夏秋冬で見られる星座が違うことに気づかせる。ここでは、春はおうし座、夏はさそり座、秋はペガスス座、冬はオリオン座を紹介する。

課題③　**季節によって見える星座がちがうのは、どうしてだろうか。**

② 自分の考えを書き、話し合う。

・地球が自転しているから。

・周りの星が動いていて、冬になると日本が夜になったとき近くに見える。

・見当がつかない。

・地球が太陽の周りを回っていて、地球が夜になるときに空にある星が違うから。

③ 〈友だちの意見を聞いて〉を書かせる。

④ 地球儀と光源装置で確かめる。

星は夜にしか見えない。つまり太陽が地球を照らしていない夜に星座が見えることを確認する。

「星座が見えるということは、太陽と反対側に星座があるときです。」

（と言って、子どもたちを教室の周りに行かせて、次ページのように準備をする。）

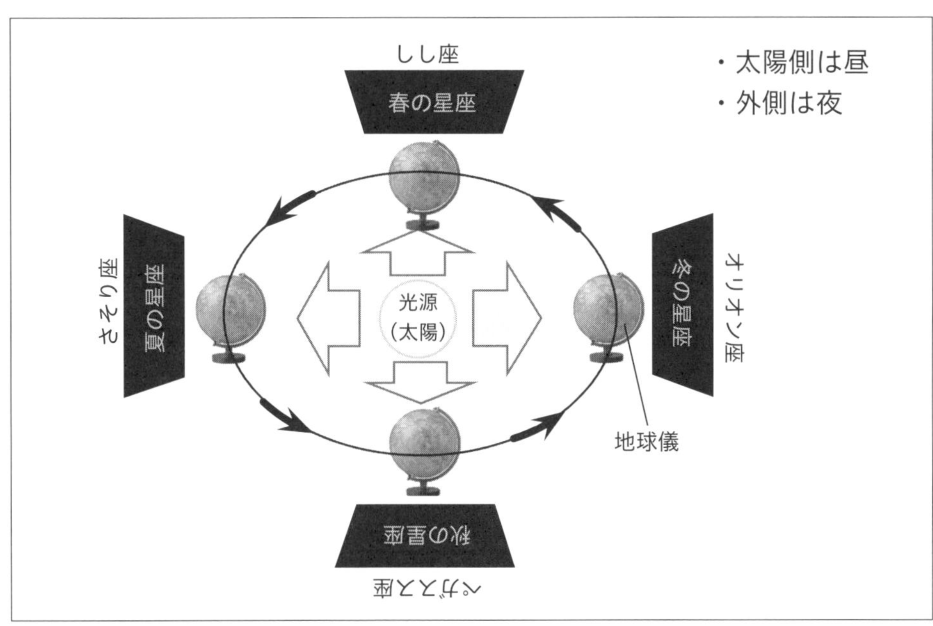

まず冬の星座を見せ、オリオン座が太陽と反対側の夜空に見えることを確認する。このとき、地球は自転しているため、毎日ほぼ同じ星座が見える。

次に、春の星座、夏の星座、秋の星座と順に夜空の星座を確認し、１つの地球儀を動かして演示する。※１つの地球儀を動かすことで「地球の公転」へつなげる。

「どうして、季節によって夜空に見える星座が違ったかな。」と聞いて、太陽の周りを地球が回っているからということを確認する。

地球は太陽の周りを１年に１周回っていて、「地球の公転」と呼ぶことを教える。

※昼にも星座はあるはずだが、明るくて見えないことを話しておく。

１年は 365 日ピッタリではない？！

４年に１度の「閏（うるう）年」は、何のためにあるのでしょう。「オリンピックの年」というわけでなく、実は「地球の公転」と大きなかかわりがあるのです。

地球は太陽の周りを「１年＝ 365.2422 日」で１周します。小数点以下を切り捨て、１年を「365 日」としているのです。切り捨てた「0.2422」（およそ「0.25 日」とすると）は４年で「１日」となるので、４年に１度「366 日」が作られました。うるう年は、地球の公転と深いかかわりがあるのです。

⑤ 〈調べたこと・確かになったこと〉をノートに書き、数人発表させる。

ノートに書かせたいこと

季節によって見える星座がちがうのは、地球が太陽の周りを回っているからだった。それを地球の公転という。地球は太陽の周りを１年で１周回っていた。

つけたしの話 STEP UP!

「日本は季節があるけれど、それはどうしてだろう？」と聞き、「太陽のまわりをまわる地球」(『教科書よりわかる理科　小学６年』 江川多喜雄 監修　高田慶子 編著 合同出版）を読む。地軸が傾いていて、北半球にある日本は、夏には太陽が頭の上の方から照りつけるため暑くなる。冬の昼が短い理由も話す。)

第４時　地球の衛星「月」

ねらい　**月は地球の周りを約１か月かけて１周しているため、地球から見ると形が変わって見える。**

準　備

・三球儀（なければ太陽と地球と月のモデル）
・月の写真（三日月、上弦の月、下弦の月、満月）
・つまようじにさしたスチロール球（児童数）　・光源装置
・見かけの月ワークシート
※可能であれば、「月の満ち欠けモデル」(フラフープとピンポン玉で作った物)

展　開

① 三球儀で月と太陽と地球の位置を確認する。月は光って見えるが、自ら光っていない星であることを教える。

「太陽と地球と月があります。太陽は光っている星ですが､月は自分では光っていません。地球は太陽を公転し、その地球の周りを回っている天体が月です。」

子どもは「月が地球の周りを回っている。月の公転だ。」と反応する。なければ教える。

「月は地球の周りを回ってます。これを『月の公転』と言います。」

次に、さまざまな月の形の写真を黒板に貼って見せる。月の形がだんだん膨らんだり、細くなったりすることを確認して課題を出す。

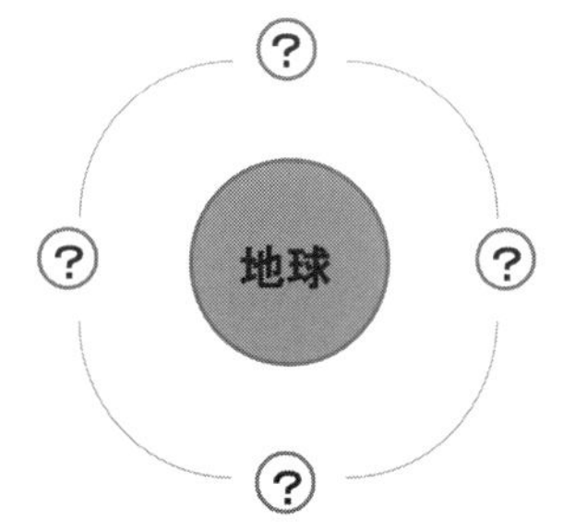

課題④　**月は地球の周りを公転する星である。月の形が変わっていくのはどうしてだろう。**

② 自分の考えを書き、発表する。討論。

・地球も太陽のあるほうが昼だったから、月も太陽側が光っている。

・太陽の光が関係していると思う。

③　〈友だちの意見を聞いて〉を書いて、数人発表。

④　スチロール球を使って実験する。

ア）１人ずつスチロール球を持つ。教室（理科室）の電気を消してカーテンも閉める。光源装置の光をつける。教師が声をかけながら、次のことをやっていく。

光源を向く………………… 光が当たるところが見えない（新月）
左に 90°回転する………… 右半分が光って見える（上弦の月）
光源を背にする…………… 球体すべてに光が当たっている（満月）
左に 90°回転する………… 左半分が光って見える（下弦の月）
左に 90°で元に戻る……… 光が当たるところが見えない（新月）

光源装置

スチロール球を持ち、回転する。

右半分に光が当たる様子

イ）月は 29.5 日で地球を一周することを話し、月の満ち欠けが見えるフラフープで、地球から見える月の満ち欠けを体験する。待っている間、月の見え方のプリントの色を塗る。

写

フラフープで
月の満ち欠けの体験を
する写真

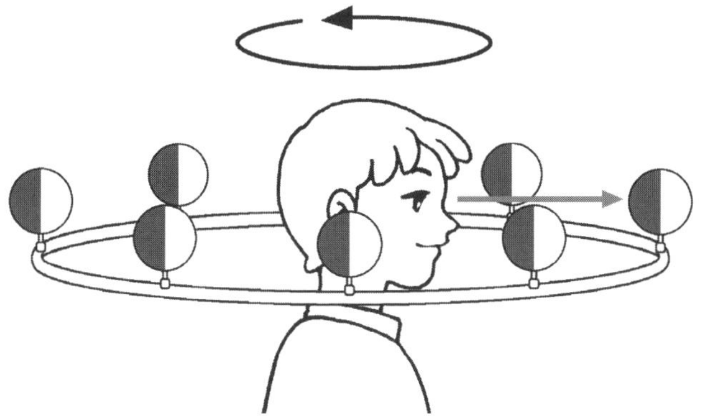

フラフープとピンポン球で作るモデル
（図では小さい磁石で取りつけている）

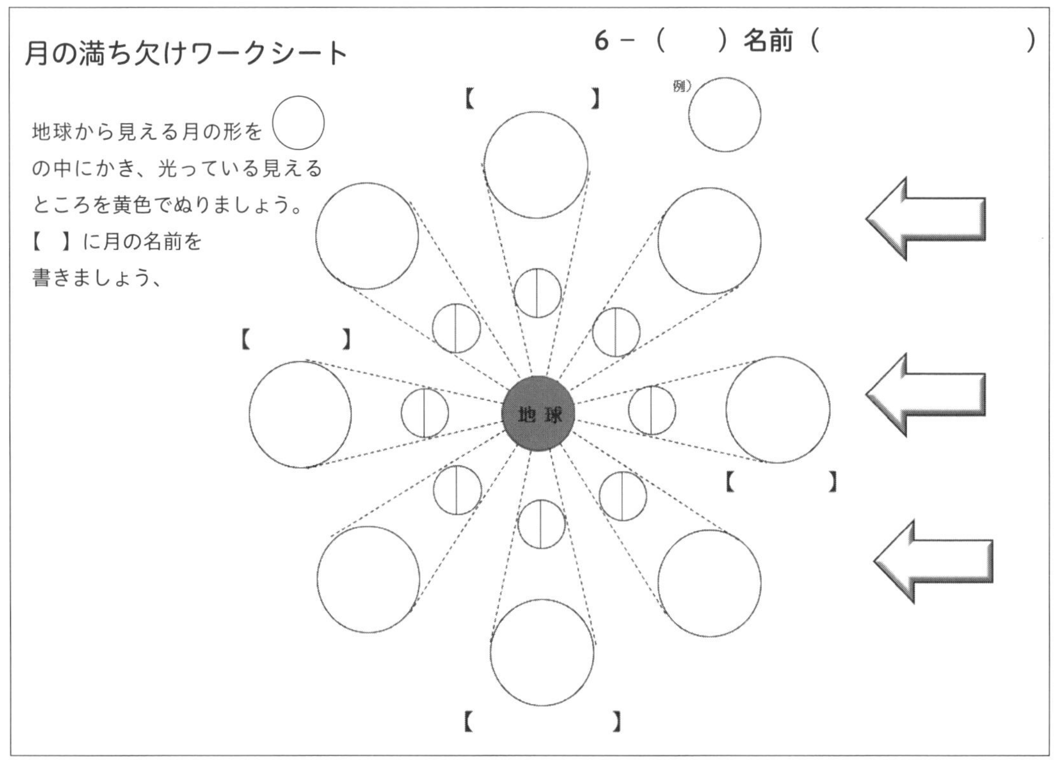

※「上弦の月（7日目)」から「満月（15日目)」に近づいた「10日目」ごろのふくらんだ月が出ている日、午後の授業であれば校庭へ出る。左手で月を指し、右手で太陽を指すと、両腕の角度がおよそ120°～130°になる。これが「上弦の月」であれば90°、「満月」であれば180°になって、太陽と月の位置関係をとらえることができる。太陽との距離が遠くなるほど、月の形が丸くなることを確認する。

体育や休み時間など、校庭へ出た時に月が見えたら同じことをする。新月に近いほど細い月になっている。

⑤〈調べたこと・確かになったこと〉をノートに書き、数人発表させる。

ノートに書かせたいこと

月は地球の周りを回っている星で、太陽の光を反射して光っていた。スチロール球を回すと、太陽側だけが光って見えた。地球と月の位置が変わると月の形も変わり、約1か月で新月になる。新月から三日月、半月、満月、半月となっていくことがわかった。

上弦（げん）の月と下弦の月って？

「上弦の月」「下弦の月」のように、半月には2種類の呼び方ある。半月を見て、「どちらが上弦？」と迷う人もいるかもしれない。そもそも「上弦」「下弦」とは？

「弦」は弓の両端にはる糸のことで、半月の形の直線にあたる。右半分が光る半月は、円を描くように地平線に沈むため弦が上にくる。そのため「上弦」となる。反対に左半分が光る半月は、弦が下になるように沈む。

月の形が先に来るから「上」、後に来るから「下」ではなく、月が沈むときの様子から呼び名が付けられている。

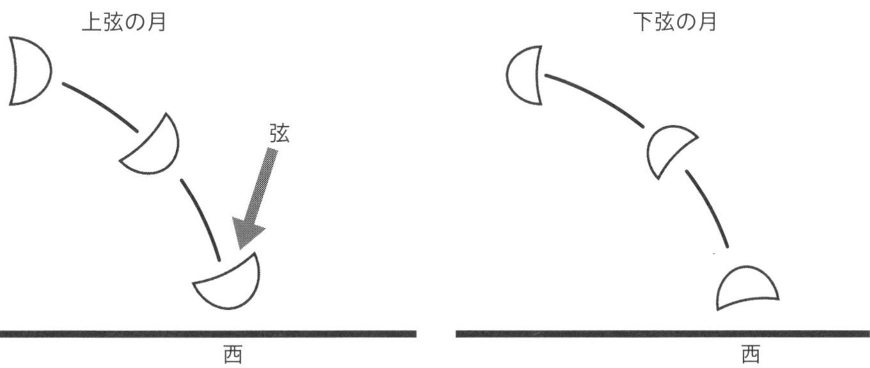

第5時　日食がおこるわけ

ねらい　**日食は、地球から見て、太陽と月が同じ大きさに見えるから起きる。**

準　備

・皆既日食の写真　・ピンポン玉　・ドッジボール　・(NHKデジタルクリップ)

展　開

① 皆既日食の写真を見せ、月が太陽を隠して日食が起きる現象ということを話す。

「月の大きさは直径が3,400kmで、太陽の大きさは140万kmです。これほど大きさが違うのになぜ太陽を月が隠してしまうのだろう。」

日食の様子

課題⑤　**月の直径は3,400km、太陽の直径は140万kmである。大きな太陽が月に隠れてしまうのはなぜだろう。**

② 自分の考えを書き、話し合う。

・地球から見ているから、距離が近い月のほうが大きく見える。太陽は遠すぎる。

・太陽はとても大きいけれど、とても遠いから小さく見えている。

ここでは、「地球からの距離が違うから」という意見に集約されていくだろう。

③ 〈友だちの意見を聞いて〉を書き、数人発表。

④ 実験をする。

ア）地球からのそれぞれの距離を教える。

〈地球から月まで〉 約 38 万 km

〈地球から太陽まで〉 約 1 億 5000 万 km

◎月までの距離をもとにして、太陽までの距離が何倍かを求める。

15000 万 ÷ 38 万 = 394.736・・・倍（約 400 倍）

イ）月と太陽の直径から、大きさの違いを計算する。

〈太陽の直径〉 約 146 万 km

〈月の直径〉 約 0.34km

◎同じく、太陽の直径が月の何倍かを求める。

140 万 km ÷ 0.34 万 km = 411.764・・・倍（約 400 倍）

つまり、太陽は月よりも約 400 倍大きいが、距離も約 400 倍遠い。そのため、地球からは、ほぼ同じ大きさに見えることがわかる。

ウ）ピンポン玉を目の近く（50cm 離れた位置）に持ち、遠くのドッジボールを見ると、ぴたっと重なるところがある。ドッジボールはピンポン玉より 5 倍大きいので、ピンポン玉までの 5 倍の距離においてドッジボールを見ると、ちょうど重なる。この一直線になったときの太陽が隠されている状態が皆既日食と話す。

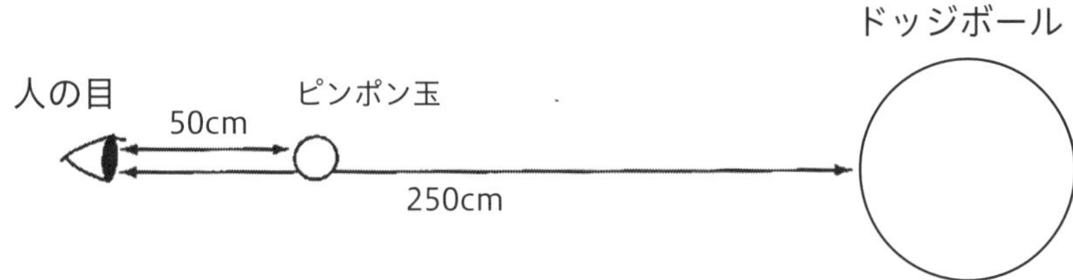

※『日食がおこるのは？』（NHK for school、クリップ映像 1 分 44 秒）を見せてもいい。

⑤ 〈調べたこと・確かになったこと〉をノートに書き、数人発表させる。

ノートに書かせたいこと

今日は日食がなぜ起こるか考えた。私は地球からのきょりがちがうから、月と太陽が重なったときに太陽がかくれてしまうと考えた。計算すると、太陽は月の400倍の大きさだった。しかし地球から太陽までのきょりも約400倍。日食は広い宇宙の中でとてもぐう然な出来事だった。だから月と太陽は同じ大きさに見えることがわかった。ピンポン玉と大玉を比べたら、位置によって同じ大きさに見えてびっくりした。

単元について

「月と太陽」の学習では、地球の「自転」「公転」をベースに。

この単元では、多くの教科書で「今日、見える月」の観察から学習が始まる。子どもたちにとって天体の観察は、意識して行わないとなかなかできないものであるため、できることならじっくりと向き合う時間をとりたい。しかし、授業時数との関係でなかなか時間がとれないときは、4年生で観察していることを踏まえて、6年生では「月の満ち欠け＝月の公転」と「地球の自転」を中心に教えたい。

数年前に教えた子どもが、学習後の感想に次のような文章を書いた。

〔課題5〕の金かん日食の授業が一番記おくに残っています。地球からのきょりが400倍なのと、太陽が月の400倍の大きさというきせきから成り立っていたからです。日食はたまにしか見られないので、前回おもしろ半分に見たことがくやしかったです。宇宙について知りたくなったので、休み時間に図書室に行ってみたいと思います。(T・M)

T・Mさんにとって何気なかった「日食」が、学習を通してその理屈を知ることで、天体現象そのものへの関心を高めることになった。このように、天体の事実を子どもたちは知りたがっているのである。同じように、太陽や月、あるいは星（星座）が動いて見えることを、「地球の自転」が原因だととらえられれば、天体の基礎がわかってきて、空を眺めることも楽しくなるだろう。

6年生にもなると、見かけの動きだけでなく、なぜそのように見えるのかという理屈もわかるようになる。「自転」や「公転」を扱うことで天体学習の本質的な理解がさらに深まる。「昼と夜があるのは、地球が自転しているから」「季節によって見える星座がちがうのは、地球が太陽の周りを公転しているから」「日食は…」といった天体の本質的な学習を通して、壮大なスケールである宇宙の魅力が感じられたら素晴らしいと思う。

5．水溶液の性質

【目標】

酸という水に溶けると共通の性質を示す物質がある。

(1) 酸水溶液のはたらき

①酸水溶液はすっぱい味がする。

②酸水溶液は水に溶けない炭酸カルシウムを溶かす。

③酸水溶液は青色リトマス紙を赤変させる。

④金属を溶かす酸水溶液もある。

(2) アルカリ性・中性の水溶液

⑤水溶液には赤色リトマス紙を青に変えるアルカリ性のものやリトマス紙の色を変えない中性のものがある。

⑥アルカリ水溶液は酸水溶液のはたらきを打ち消す。

【指導計画】 12時間

(1)(2) クエン酸・酒石酸の性質 ……………………………………2時間
(3) 酢酸と酢酸水溶液……………………………………………………1時間
(4)(5) 気体が溶けた酸性の水溶液（炭酸水）…………………2時間
(6) 塩酸の性質……………………………………………………………1時間
(7) 塩酸と金属１（マグネシウム） ………………………………1時間
(8) 塩酸と金属２（マグネシウム） ………………………………1時間
(9) 塩酸といろいろな金属……………………………………………1時間
(10) アルカリ性の水溶液、中性の水溶液 …………………………1時間
(11)(12) アルカリ性、中性、酸性の水溶液 …………………………2時間

【学習の展開】

第１時　クエン酸の性質

ねらい　**クエン酸という酸があり、それを水に溶かすとすっぱい味がし、水に溶けない炭酸カルシウムをとかす。**

準 備　教師実験分

・クエン酸　・炭酸カルシウム　・試験管５本　・試験管立て　・薬さじ２本
・ビーカー（水入れ用）　・試験管用シリコン栓（ゴム管付き）1つ　・石灰水
・線香　・ライター

展 開

教卓の前に子どもたちを集め教師が演示する。

① クエン酸の粉を見せ、「クエン酸」と知らせる。「これは、ミカンやレモンからとった物です。」と言って、指先につけてなめさせ、「すっぱい」ことを確認する。

② クエン酸を水に入れかき混ぜると、透明になり、沈殿していないことから、水の溶ける物質であることと、「クエン酸水溶液」ということを確認する。水溶液をなめるとすっぱいことを確認させる。

③ 炭酸カルシウムを少量とって、水に入れると、白濁し、沈殿していることから、炭酸カルシウムは水に溶けないことを確認する。

※炭酸カルシウムは5年生の溶解の学習で水に溶けないことを既習済みだが、確認をする。

④ 「水に溶けない炭酸カルシウムをクエン酸水溶液に入れてみよう。」と言って作業課題を出す

課題① **水に溶けない炭酸カルシウムをクエン酸水溶液に入れると、溶けるだろうか。**

⑤ 実験1をする。

作業課題なので、炭酸カルシウムが水に溶けないことを確かめた試験管を隣に置いて、炭酸カルシウムをクエン酸水溶液に入れて溶けるか確かめる。すると、炭酸カルシウムがクエン酸水溶液にはよく溶けることがわかる。この時、気体が泡立って発生する。

⑥ 発生した気体は何かを調べる。

確かめる方法を話し合う。気体の学習をもとに考えると次のような方法が出される。

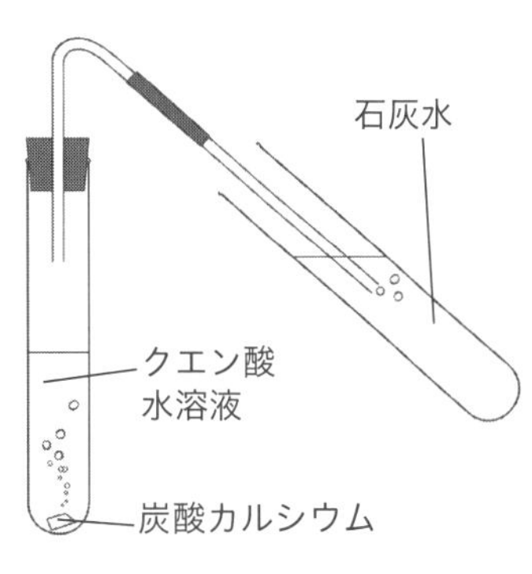

・ロウソクの火（線香）を入れて、激しく燃えたら酸素。逆に消えれば、二酸化炭素か、ちっ素。

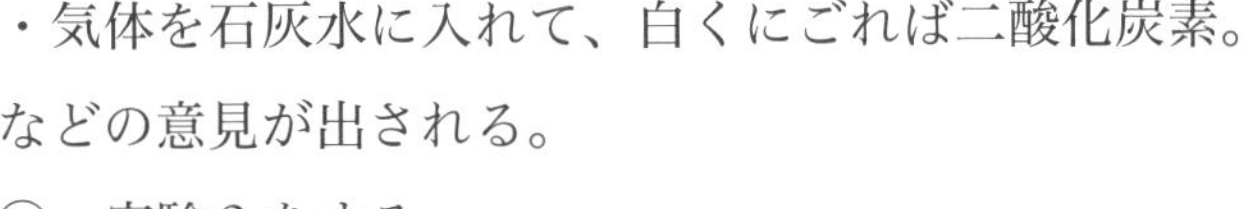

・気体を石灰水に入れて、白くにごれば二酸化炭素。

などの意見が出される。

⑦ 実験2をする。

図のように発生した気体を石灰水に通すと、白くにごった。「二酸化炭素」が発生したことを確認する。

⑧ 〈実験したこと、確かになったこと〉を書く。数人発表。

ノートに書かせたいこと

クエン酸をなめてみると、とてもすっぱかった。ミカンやレモンの酸っぱい味はこのせいだと思った。クエン酸を水の入った試験管に入れてふったら、とけてクエン酸水よう液ができた。その中に、水にはとけない炭酸カルシウムを入れたら、気体を

発生しながらとけた。この気体に線こうの火を入れたら消えた。さらに、出てきた気体を石灰水に入れたら、石灰水が白くにごった、この気体は二酸化炭素とわかった。クエン酸水よう液は、水のとけない炭酸カルシウムをとかし、その時に二酸化炭素を発生することがわかった。

第２時　酒石酸の性質

ねらい　**酒石酸も固体の酸で、その水溶液は炭酸カルシウムを溶かす。**

準　備　グループ実験

・酒石酸　・炭酸カルシウム　・ビーカー（水入れ用）　・試験管２本

・試験管立て　・石灰　・水　・試験管用シリコン栓（ゴム付き）１つ

・かくはん棒　・薬包紙

【展開】

①　酒石酸を見せ､「これはブドウからとった酒石酸という物です。これもクエン酸と同じようなはたらきがあるか調べたい。どうしたらいいだろう」と課題を出す。

課題②　**酒石酸もクエン酸と同じはたらきがあるか調べるにはどうしたらいいだろうか。**

②　〈自分の考え〉を書く。そして討論。

前時のクエン酸の実験をもとにした考え方が出てくる。

ア）なめるとすっぱいか。

イ）水に溶けるか。

ウ）酒石酸水溶液が炭酸カルシウムを溶かす。

エ）その時、二酸化炭素が発生するか。

③　実験をする。(グループ実験)

ア）酒石酸水溶液ができ、粉も水溶液もすっぱい。

イ）炭酸カルシウムを入れると、気体を出して溶ける。

ウ）気体を石灰水に入れて二酸化炭素であることを確認する。

④　〈実験したこと、確かになったこと〉を書く。数人発表。

ノートに書かせたいこと

クエン酸のようなはたらきが酒石酸にもあるか調べました。まず、なめてみました。クエン酸と同じようにとても酸っぱかったです。次に水にとけるのか調べました。水に酒石酸を入れてふってみると､水にとけ､酒石酸水よう液になりました。次に酒石酸水よう液に炭酸カルシウムを入れてとけるか実験しました。すると、シュワシュワといってから、とう明になっていたので、炭酸カルシウムは酒石酸水よう液にとけたということがわかりました。シュワシュワとなっているときに気体が出ていたので、石灰水で何の気体か調べました。すると、石灰水が白くにごったので気体は二酸化炭素だとわかりました。このことから、酒石酸はクエン酸と同じはたらきをするということがわかりました。

第3時　酢酸と酢酸水溶液

ねらい　**酢酸は液体の酸だが、水に溶けないと酸性のはたらきをしない。**

準　備　教師実験

・酢酸（液体になっている）
・氷酢酸（固体が少し溶けかけているものがあるほうがいい）
・炭酸カルシウム　・試験管４本　・試験管立て　・ピペット　・水　・ビーカー

展　開

①　課題提示のための実験を見せる。

「これは液体の酸で、酢酸といいます。常温では液体ですが、冷蔵庫に入れると固体になっています。」と言って、液体の酸と氷酢酸を見せる。融点（16℃）以下では固体だが、常温では液体の酸であることを伝える。

４年生で学習した「三態変化」温度によって固体、液体、気体と状態が変化することを思い起こさせたい

ア）黒板に「酢酸に炭酸カルシウムを入れたら溶けるだろうか」と書き、意見を聞く。

・酢酸は液体だから、ほとんどが溶けるという意見が出される。

イ）試験管に酢酸を入れ、炭酸カルシウムを入れる。

ウ）炭酸カルシウムは、沈殿し、溶けない。そこで、課題を出す。

課題③　**酢酸に炭酸カルシウムを入れたら溶けなかった。どうすれば、溶けるだろう。**

②　〈自分の考え〉を書く。そして討論。

「酢酸に水を入れ、水溶液にする。」という意見が多数出される。

クエン酸、酒石酸が水溶液にすると酸性のはたらきをしている学習が活かされる。

③　実験をする。（教師実験）

酢酸に炭酸カルシウムを入れて沈殿している試験管に、水を入れると、炭酸カルシウムが気体を出して溶け始める。

④　〈実験したこと、確かになったこと〉を書く。数人発表。

ノートに書かせたいこと

さく酸に炭酸カルシウムを入れるととけませんでした。今までの実験から考えると、今回は水にとかして水よう液にしていないことがわかったので、さく酸に水を入れ、さ

く酸水よう液にすると、炭酸カルシウムはとけました。酸にも固体と液体があるということ、酸は水よう液にすると同じ性質、はたらきになるということが確かになりました。

第4・5時　気体が溶けた酸性の水溶液（炭酸水）

ねらい **炭酸水は二酸化炭素が水に溶けた物で、青色リトマス紙を赤く変えるが、炭酸カルシウムを溶かすことはできない弱い酸である。**

準備

グループ数　・試験管3本　・試験管立て　・水　・炭酸水　・リトマス紙（青）
・炭酸カルシウム　・クエン酸　・酒石酸　・シャーレ　・ガラス棒　・ピンセット
教師用　・ペットボトル　・実験用ボンベ（二酸化炭素、酸素）　・シャーレ
・燃焼さじ　・集気びん　・石灰水　・イオウ　・実験用コンロ　・リトマス紙（青）

展開

① 「炭酸水は二酸化炭素を水に溶かしたものです。作ってみよう。」とペットボトルと二酸化炭素を取り出す。ペットボトルに水を満たし、水上置換をして、二酸化炭素を2/3ほど入れる。そのペットボトルにふたをしてよく振ると、ペットボトルがつぶれる。二酸化炭素が水に溶けたのかどうか石灰水を入れると白くにごる。二酸化炭素が水に溶けて、体積が小さくなったからペットボトルがつぶれたのだと教える。

水上置換

二酸化炭素が水に溶けたので二酸化炭素水溶液になったことを確認し、課題を出す。

課題④　二酸化炭素を水に溶かして二酸化炭素水溶液（炭酸水）をつくった。これがクエン酸などと同じ性質やはたらきがあるか調べたい。どのようにしたらいいだろう。

② 〈自分の考え〉を書く。そして討論。

子どもたちはこれまでの学習から、次のように考える。

・味を確認する。（すっぱいか）

・炭酸カルシウムを入れて、溶けて二酸化炭素が出たら同じはたらきがある。

③ 実験1をする。（教師）

ア）教師実験で作った炭酸水の中に炭酸カルシウムを入れる。

イ）炭酸カルシウムは、前時までの水溶液よりも反応が弱い。

ウ）リトマス紙（青）をシャーレに置き、ガラス棒に炭酸水をつけてリトマス紙に

つけると、色が赤く変化する様子を観察させる。

エ）教師が青色リトマス紙を水にぬらし、シャーレの底に貼り付けて二酸化炭素を吹き付けると。青色リトマス紙は、赤色に変化する。気体が水に溶けて二酸化炭素水溶液になったことをおさえる。

④　リトマス紙は、リトマスゴケというコケからとった色素から作られていることを教える。水溶液になると、炭酸カルシウムを溶かしたり、青色リトマス紙を赤くする性質を「酸性の性質」ということを教える。

※リトマス紙の説明は、教科書に掲載されているので利用する。

⑤　実験２をする。（グループ）

市販の炭酸水の味を調べ、リトマス紙の反応を見る。次にクエン酸水溶液、酒石酸水溶液もリトマス紙につけ、反応を調べる。

⑥　〈実験したこと、確かになったこと〉を書く。数人発表。

ノートに書かせたいこと

二酸化炭素と水を入れてふってみました。すると、ペットボトルがへこんでしまいました。これは、二酸化炭素が水にとけたからでした。これに炭酸カルシウムを入れました。シュワシュワしていました。今までの水よう液よりも勢いが小さかったです。そこで、青色リトマス紙を使って調べると、赤く変化しました。クエン酸水よう液や酒石酸水よう液も青色リトマス紙が赤色に変化しました。これらの水よう液は酸性ということがわかりました。二酸化炭素水よう液は２つの水よう液ほどリトマス紙の変化が少なく、酸性の性質が弱いことがわかりました。

つけたしの実験 STEP UP!

酸素中でイオウを燃やして二酸化イオウを作り、その二酸化イオウが水に溶けたものが亜硫酸であることを見せる教師実験をする。

集気びんに酸素を水上置換で捕集したとき、水を少し残しておく。イオウを燃焼さじに入れて、実験用コンロの火で燃やしてから酸素の入った集気びんの中に入れる。イオウの炎は青白く燃える。

イオウの燃焼を終わらせたら、燃焼さじごと水の中に入れて完全に消す。その後、集気びんにふたをして、振り、入れておいた集気びんの水に二酸化イオウを溶

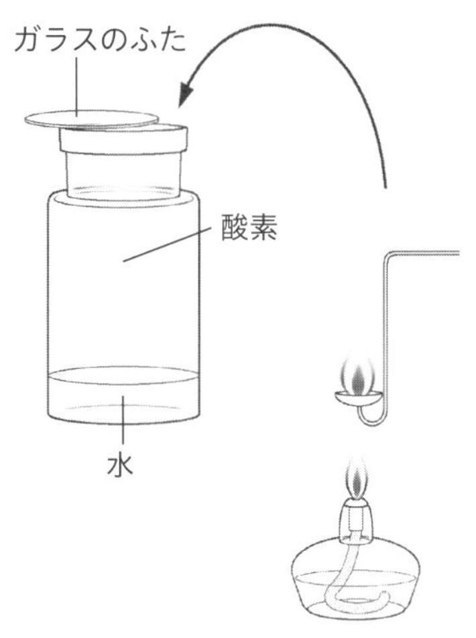

かす。できた二酸化イオウ水溶液を青色リトマス紙につけると、真っ赤に変化する。空気中の二酸化イオウが水に溶けると、亜硫酸という強い酸性雨になることを話す。（足尾銅山の鉱毒事件、四日市ぜんそくなどの公害被害など環境学習に発展できる。）

⑦ 〈実験したこと、確かになったこと〉を書く。数人発表。

注意！ この実験は直接気体を吸わないように喘息の児童への配慮が必要です。

ノートに書かせたいこと

二酸化イオウの水よう液（二酸化イオウ水よう液）は酸性なのかを調べました。青いリトマス紙に二酸化イオウ水よう液をたらしたら、一しゅんで赤くなりました。このことから、二酸化イオウ水よう液は強い酸性の水よう液だとわかりました。また、二酸化イオウ水よう液はありゅう酸とも言われていることがわかりました。それでありゅう酸の酸性雨がふると、植物などをからしてしまうことがわかりました。そして、足お銅山には、この酸性雨がふり、植物をからしたり、生き物が死んでしまったことがわかりました。

第６時　塩酸の性質

ねらい　**塩酸は塩化水素という気体を水に溶かした水溶液で強い酸性を示す。**

準　備

グループ数　・４mol（モル）の希塩酸（もともとの塩酸を３倍に薄める。急激に反応しないように水の中に塩酸を入れる）　・リトマス紙（青）　・石灰水　・炭酸カルシウム　・ピンセット　・試験管２本　・試験管立て　・シャーレ　・シリコン栓ゴム管付　・安全めがね

教師用　・塩酸　・蒸発皿　・ピペット　・実験用コンロ

展　開

① 「これは塩酸という酸水溶液で、塩化水素という気体を水に溶かしたものです。塩化水素水溶液です。」と話す。そして、気体が水に溶けたものである証拠に燃焼皿で少量（0.5mL）を蒸発乾固して何も残らないことを見せる。その時、鼻につんとくる臭いがする。塩化水素は有害なので、蒸発させる塩酸はごく少量にし、教師のみが行う。実験にはうすめた塩酸を使うことを話す。

塩酸を蒸発乾固することは気体の塩化水素がとびちって危険なので、子どもたちにはさせない。

課題⑤　**塩酸（塩化水素水溶液）も酸のはたらきをするか調べたい。どのようにしたらいいだろう。**

② 〈自分の考え〉を書く。考えを出し合い、調べ方を確認する。

●青色リトマス紙が赤くなるか。

●炭酸カルシウムが溶けるか。

●炭酸カルシウムが溶けるとき、二酸化炭素を発生するか。

③ 実験をする。（グループ）

ア）安全めがねをつけること。塩酸が手についたら、水で洗い流すように話す。

イ）希塩酸（4mL）の入った試験管から青色リトマス紙に１滴たらすと、一瞬で赤色に変化する。

ウ）炭酸カルシウムを入れると、気体を出しながら溶けていく。溶け方の激しさから、希塩酸は酸のはたらきが強いことがわかる。

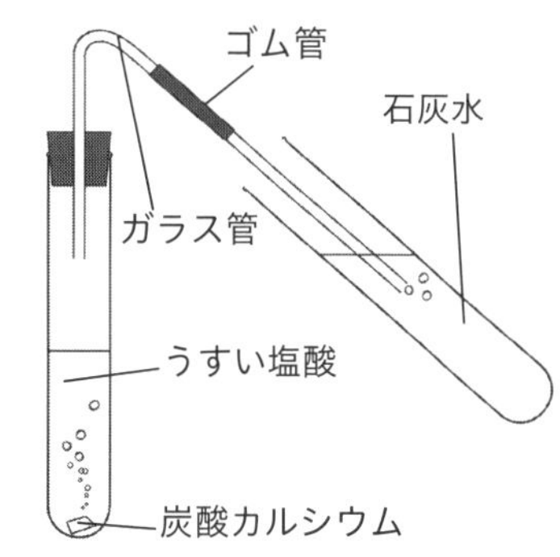

エ）発生した気体を石灰水に入れると白濁する。二酸化炭素とわかる。

④ 〈実験したこと、確かになったこと〉を書く。数人発表。

ノートに書かせたいこと

塩酸は、塩化水素という気体が水にとけたものなので、塩化水素水よう液と言います。気体がとけたものなので蒸発かん固をしても、なにも出てきませんでした。塩酸をリトマス紙につけたらすぐに赤色に変わりました。炭酸カルシウムを入れたら、気体を激しく発生しながらとけました。気体は二酸化炭素でした。塩酸は酸性で、とても強い酸だと思いました。

第７時　塩酸と金属１（マグネシウム）

ねらい　**塩酸は、金属のマグネシウムを溶かし、その時水素を発生させる。**

準　備　教師実験

グループ数　・希塩酸　・マグネシウムリボン　・試験管３本　・試験管立て
・シリコン栓ゴム管付き　・紙やすり
・豆電球テスター（豆電球、ソケット、乾電池）　・ライター

教師用　・石灰水　・希塩酸　・マグネシウムリボン５cmほど２本　・試験管２本
・試験管立て　・ライター　・安全めがね

展　開

① 「これは金属のマグネシウムです。紙やすりでみがくとピカピカ光ります。回路につなぐと豆電球に明かりがつきます。金属ですね。」（物の燃え方の時の

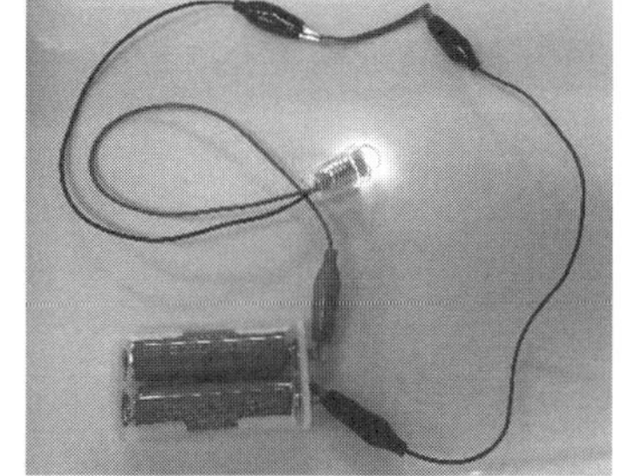

金属学習を思い出させる）「この金属のマグネシウムを、塩酸に入れると、マグネシウムは溶けるだろうか。」と課題を出す。

〔実験課題〕塩化水素水溶液（塩酸）は金属のマグネシウムを溶かすか調べよう。

② 意見を出し合い、教師実験に入る。

③ 教師実験

試験管に塩酸をとり、マグネシウムを入れる。激しく泡を立てて溶ける。

④ 次の課題を出す。

課題⑥ 塩化水素水溶液（塩酸）にマグネシウムを入れたら、あわが出て溶けた。このあわは何という気体か調べたい。どのようにしたらいいだろう。

⑤ 〈自分の考え〉を書く。考えを出し合い、調べ方を確認する。

ア）石灰水がにごれば二酸化炭素。

イ）線香を入れて激しく燃えれば酸素。

ウ）どちらでもなければ、他の気体。

⑥ 実験（教師実験を見てから、グループ実験を行う）

ア）まず、教師が行う。

・石灰水に入れてみると、白くにごらない。「二酸化炭素ではない」の声。

・泡立っている試験管に親指でふたをし、指の腹が押されるような感じになったら（試験管の中に気体がたまったら）親指を離し、ライターの火を試験管の口に近づけると、キュンといって燃える。もう１回やる。

※試験管の口が熱くなっているので気をつける。

動 発生した水素を燃やす動画

・これは水素という燃える気体と伝える。

・試験管の口を見させる。→試験管の口に水がつくことを見させる。

イ）グループ実験をする。（水素を燃やしてみる）

・グループに、希塩酸を入れた試験管を３本）、ライターを配り、グループ実験を行う。

・安全めがねを着用する。

・試験管の口を押さえる。ライターで火をつける。協力をして実験をする。

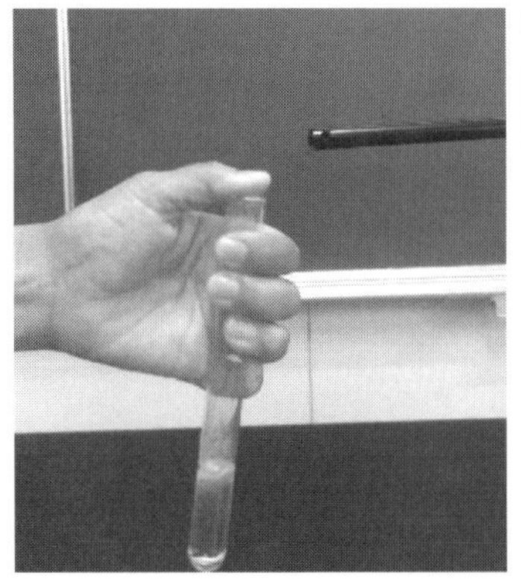

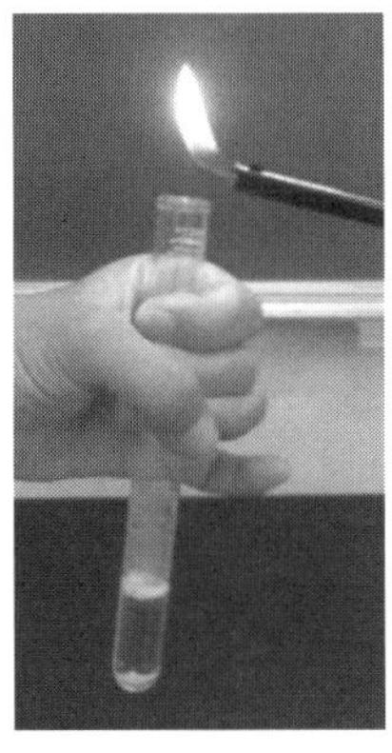

この実験は、試験管で行えば、安全にできる。フラスコのように中で広がるような容器は破裂する。また、大量に水素を発生させると危険である。理科室で１人１回ずつ実験をする程度なら安全。
試験管を重ねて水素を燃やす実験もある。QR コードでは、この実験をやっている。

⑦ 〈実験したこと、確かになったこと〉を書く。数人発表。

ノートに書かせたいこと

初めに石灰水に気体を入れました。白くにごらなかったので、二酸化炭素ではないとわかりました。次に、気体をためるために試験管の口を指でふさいだ。指がおされるような感じがしたら、指をはなして、ライターの火を近づけたら、キュンといって燃えました。燃える水素という気体が発生するということがわかりました。また、水素が燃えた後、試験管の中に水てきがついていたため、水素と酸素が結びつくと水がでることもわかりました。福島の原発は水素爆発で大きなひ害を出したそうです。

第8時　塩酸と金属2（マグネシウム）

ねらい　**塩酸にマグネシウムが溶けると、水に溶ける、金属ではない物ができる。**

準　備　教師実験

・希塩酸　・マグネシウムリボン　・蒸発皿　・試験管　・実験用コンロ

展　開

① 教師が塩酸にマグネシウムを溶かす。

「出てきている泡は？」「水素」しばらくすると溶けきる。「この液体を蒸発乾固すると、どんな物が出てくるだろう？マグネシウムの粉かな？マグネシウムが変化した物かな？どうだろう。」と課題を提示する。

課題⑦　**塩酸にマグネシウムが溶けた液を蒸発乾固すると、マグネシウムが出てくるだろうか。それともマグネシウムが変化した物が出てくるだろうか。**

② 〈自分の考え〉を書く。意見分布を取る。そして討論。

マグネシウムが出てくる　　　　　　　　（　　人）

マグネシウムが変化した物が出てくる（　　人）

「塩酸とマグネシウムが結びついて水素が出てきたから、マグネシウムが変化した物が出てくる。」「金属が溶けたのだから、金属がそのまま出てくるとは考えられない。」「食塩や砂糖とちがい、マグネシウムは水素を出して溶けたから、別の物になっている。」などの意見が多数出される。

③ 〈友だちの意見を聞いて〉を書く。数人発表。

「塩酸は塩化水素水溶液で、マグネシウムを溶かした時に水素が出て行き、蒸発乾固をすると水が蒸発するから、残るのは塩化マグネシウムだと思う。」

「塩化 水素水溶液＋ マグネシウム と考えると、塩化マグネシウムが残ると思う。」

・水素・蒸発乾固で水は出て行くと化学式のような物を書いて考えるような子も出てくる。

④　実験（教師）

ア）蒸発皿に液を取り（１mL）加熱すると、白い粉が出てくる。

イ）金属光沢がないから、金属ではないことがわかる。

ウ）試験管に水を入れ、白い粉を水中に落とすと水に溶けてしまう。マグネシウムは水に溶けないことから、別の物に変わったことがわかる。

マグネシウムを溶かしても、塩酸はまだ残っている可能性がある。これを蒸発乾固すると、塩化水素を教室中にまき散らし、のどや鼻の粘膜を痛める子がでることが考えられるので、教師実験にしたい。教科書はグループ実験をしているが、少量にし、換気をしっかりするなど、安全に心がけたい。

エ）この粉は予想通りの「塩化マグネシウム」という物だと教える。豆腐を作るときに、豆乳を固める時に使う「にがり」の中に含まれていることを話すと身近なものになる。

⑤　〈実験したこと、確かになったこと〉を書く。数人発表。

ノートに書かせたいこと

塩酸にマグネシウムをとかした液を蒸発かん固すると、白い粉が出てきました。この粉を水に入れたら、水にとけました。マグネシウムは水にとけないので別の物に変わったとわかりました。塩化水素水よう液のうち、水素はマグネシウムがとける時に出ていき、水は蒸発させてしまい、残った「塩化」と「マグネシウム」をくっつけて、白い粉は「塩化マグネシウム」ということがわかりました。これはとうふを作る時の「にがり」だそうです。

第９時　塩酸といろいろな金属

ねらい　**塩酸はアルミニウム、鉄などの金属を溶かし、水素を発生させる。**

準　備　グループ数

・希塩酸　・アルミニウム（アルミホイル）　・鉄（スチールウール）　・銅

・試験管３本　・試験管立て　・シャーレ　・汚れた銅板　・ピペット

・ライター　・安全めがね

展　開

①　前回、塩酸にマグネシウムを入れるとマグネシウムは溶けて水素が発生したので、他の金属を入れても同じ反応が出るか調べることを話す。

課題⑧　**塩酸はアルミニウムや鉄や銅を溶かすか調べてみよう。**

② 作業課題なので、すぐに実験をする。（グループ実験）

ア）塩酸の入った３本の試験管を試験管立てに立て、それぞれにアルミニウム・鉄・銅を入れ調べる。（アルミニウムはアルミホイル、鉄はスチールウールを使うと反応が速い）アルミニウム、鉄は塩酸に溶けるが、銅は変化がない。

火を近づけると、音を出して燃えることから、水素だということがわかる。

イ）塩酸に表面が汚れた銅板を半分ほど入れると、その部分だけ表面がきれいになることを見せ、金属のサビを溶かすはたらきがあることを説明する。金属の中には塩酸に溶けない金属があることや、その金属の表面のさびやよごれは溶けることを話す。

③ 〈実験したこと、確かになったこと〉を書く。数人発表。

ノートに書かせたいこと

試験管３本に塩酸を入れて、アルミニウム・鉄をそれぞれに入れてしばらく置きました。だんだんその金属も表面にアワがつき、気体が発生してきました。出てきた気体に火を近づけたら、ピュッという音を出して燃えたので、水素とわかりました。銅は変化しませんでした。しかし、銅についたよごれやさびが取れ、きれいになりました。塩酸には、とかすことのできる金属ととかすことができない金属があることがわかりました。

第 10 時　アルカリ性の水溶液・中性の水溶液

ねらい　**水溶液にはアルカリ性や中性の水溶液がある。**

準　備

教師用　・水酸化ナトリウム（顆粒）　・水酸化ナトリウム水溶液

グループ数　・リトマス紙（青と赤）　・試験管　・水酸化カルシウム　・重そう

・砂糖　・食塩　・試験管４本　・試験管立て　・ストロー４本

・シャーレ

展　開

① 「これは水酸化ナトリウムという物です。これも水によく溶けます。」薬さじで１粒を試験管の水に入れてよく振る。「この水酸化ナトリウム水溶液が酸性であるか調べたい。どのように調べたらいいだろう。」と質問する。

〔質問〕水酸化ナトリウム水溶液が酸性か調べたい。どのように調べたらいいだろう。

② 質問なので、考えを書かずに発表する。

・炭酸カルシウムが溶けるか・リトマス紙が赤く変化するか・マグネシウムやアルミニウムや鉄を溶かすか、などの意見が出される。

③ 実験をする。(教師実験)

リトマス紙を使って調べる。青色のリトマス紙が赤くなるか調べる。色の変化はない。そこで赤色リトマス紙を出して水酸化ナトリウム水溶液をつけると青くなる。酸性ではない水溶液で、これをアルカリ性水溶液ということを教える。

④ 次に、アルカリ性の水溶液の他に中性の水溶液もあることをとらえる実験をする。

課題⑨ 水酸化カルシウム水溶液〔石灰水〕、重そう水溶液、砂糖水溶液、食塩水溶液を作り、酸性の水溶液かアルカリ性の水溶液か調べよう。

⑤ すぐにグループ実験をする。

ア) グループごとに水酸化カルシウム水溶液・重そう水・砂糖水・食塩水を試験管に1本ずつ作る。

イ) シャーレにリトマス紙(赤と青)を入れ、ストローで液をすくったら、そこにたらす。青くなったら、アルカリ性、赤も青も変わらなかったら、中性だと教える。

水酸化カルシウム水溶液(石灰水)、重そう水 ➡ アルカリ性

砂糖水溶液、食塩水溶液 ➡ 中性

⑥ 〈実験したこと、確かになったこと〉を書く。数人発表。

ノートに書かせたいこと

水酸化カルシウム水よう液は、水酸化ナトリウム水よう液と同じように赤色リトマス紙を青に変えました。だから、アルカリ性の水よう液ということがわかりました。重そう水よう液も同じでした。砂糖水よう液と食塩水よう液は、赤色リトマス紙も青色リトマス紙も変化しませんでした。アルカリ性でも酸性でもない性質を中性というそうです。砂糖水も食塩水も中性の水よう液だということがわかりました。

第11・12時 アルカリ性、中性、酸性の水溶液

ねらい 身近な水溶液には、アルカリ性、中性、酸性の水溶液がある。

準 備

グループ数 ・家庭から持ってきた水溶液 ・リトマス紙 ・シャーレ ・ストロー ・BTB液 ・野菜ジュース ・ムラサキキャベツ液

教師用 ・希塩酸 ・アンモニア水 ・食塩水 ・BTB液 ・野菜ジュース ・試験管2本 ・試験管立て

展 開

① 希塩酸を試験管に入れ、そこにBTB液を入れると、黄色になる。
アンモニア水を試験管に入れ、そこにBTB液を入れると、青く変化する。
食塩水にも同じように、BTB液を入れると、緑色になる。BTB液もリトマス紙と同じように、色の変化によって酸性やアルカリ性を調べられることを教え、こういう物を指示薬ということを教える。

② 教科書に資料としても書かれているので、他に、ムラサキキャベツ、ムラサキイモ、ブルーベリー、野菜ジュース、ブドウジュースなどでも調べられることを伝える。
実際に、ムラサキキャベツ液などがあれば変化を見せる。(野菜ジュースやブドウジュースは手に入れやすいので便利)

③ 作業課題を出す。

作業課題 **持ってきた水溶液に酸のはたらきがあるのか、アルカリのはたらきがあるのか調べよう。**

④ 作業課題なのでグループで調べる。
ア) 家から「タレビン」(ふたつきの小さめの容器)に入れて持ってきた水溶液を調べる。
・タレビンは、前回の理科の時間に「家の台所にある洗剤、調味料、飲み物などを持ってくるように」と伝え、配付しておく。
イ) 使用する必要な器具や道具は自分たちで考え準備する。
・リトマス紙、BTB液、野菜ジュースなど必要な指示薬で調べる。
ウ) 結果を記録する。

⑤ 調べた結果を発表する。

⑥〈実験したこと、確かになったこと〉を書く。数人発表。

ノートに書かせたいこと

食塩水よう液と塩酸、アンモニア水よう液を試験管に入れ、そこにBTB液を入れました。すると、中性の食塩水よう液は緑色になり、アルカリ性のアンモニア水よう液は青色になり、酸性の塩酸は黄色になりました。
いろいろな水よう液をリトマス紙につけたり、BTB液や野菜ジュースを入れたりして、何性か調べました。その結果、食べ物系は酸性が多く、洗ざい系はアルカリ性が多いことがわかりました。

資料

「もし時間があれば、中和の実験も」（1時間）

教科書には、「中和」という言葉は使っていないが、畑にアルカリ性の石灰をまいて土の酸性のはたらきを弱めているという内容の資料や、酸性の川の水を石灰水で中和している資料などが掲載されている。実験でも確かめられる。

ねらい　アルカリは酸のはたらきを打ち消す。

準　備　教師用

・希塩酸　・炭酸カルシウム　・アンモニア水　・リトマス紙（赤）

展　開

① アンモニア水を赤リトマス紙につけ、アルカリ性であることを確認する。

② 塩酸と炭酸カルシウムを見せ、課題を出す。

課　題　炭酸カルシウムを溶かしている塩酸にアンモニア水を加えると、溶け方はどうなるだろう。

③ 〈自分の考え〉を書く。そして討論。

・アルカリ性の水溶液は、炭酸カルシウムを溶かさないから溶けなくなる。

・溶け方がゆっくりになる。　など

④ 実験をする。

ア）塩酸の中に炭酸カルシウムを入れると、激しく溶け出すが、アンモニア水を入れると、溶け方が弱くなり、溶けなくなっていく。

イ）アルカリのはたらきは、酸のはたらきを消していくことがわかる。

⑤ 〈実験したこと、確かになったこと〉を書く。数人発表。

> 炭酸カルシウムは、とけなくなりました。酸性の塩酸に酸性のアンモニア水を混ぜると、酸のはたらきを弱めたからです。酸性の性質をアルカリ性が打ち消したためだとわかりました。このことを中和ということがわかりました。

もし、このような授業を、第10時の前にしていると、10時の〈確かになったこと〉に次のような文が付け足される。

「洗ざいにアルカリ性が多いのは、酸性の食べ物を中和してよごれを落とすためだと考えました。他にもアンモニア水がアルカリ性なのは、かなどの虫の酸性の毒を中和させてかゆみをとるためだと思いました。このことから、酸性やアルカリ性の性質をうまく使っていることがわかりました。」

単元について

酸のはたらきを中心に水溶液の性質を学ぶ

物質の中には、水に溶けると、
①酸味がある
②水に溶けない炭酸カルシウムを溶かす
③水に溶けない多くの金属を溶かす
④青いリトマス紙を赤に変える
⑤水に溶けない金属酸化物（サビ）を溶かす
という共通したはたらきをもつ物がある。これらを「酸」とよぶ。

このはたらきを示すのは、「水に溶けた時（水溶液になった時）」である。このことを児童にきちんと理解させるために、固体の酸を水に溶かすことから始め、液体の酸、気体の酸の状態で存在している酸物質を水溶液にすることで酸のはたらきを見つけていく。この実験のなかで、酸のはたらきのある水溶液を「酸性」の水溶液であることを教える。また、リトマス紙を使うと簡単に酸性の水溶液を見分けることができるという観点でリトマス紙を導入する。そして、リトマス紙の変化の違いから酸性以外の水溶液があることをとらえさせる。酸のはたらきをしっかりおさえ、それ以外にアルカリ性や中性の水溶液があるというとらえ方ができるようにしたい。なお、何が水に溶けたのかを明確にするために、「○○水溶液」という表現をさせたい。

6．私たちの住む土地　（土地のつくりと変化）

【目標】

(1) 地形

①　私たちの住む土地には、高い所と低い所がある。

(2) 地層

②　土地をつくるものは、大きさによって、れき、砂、粘土（泥）に分けられる。

③　地層もれき、砂、泥からできている。

④　地層には化石が含まれることがある。

(3) 火山や地震による土地の変化

⑤　土地には、火山でできた山地や地震による隆起によってできた土地がある。

【指導計画】　10時間

(1) 地形……………………………………………… 1時間

(2) 花壇の土………………………………………… 1時間

(3) 学校の土地のようす…………………………… 1時間

(4) 地層のでき方…………………………………… 1時間

(5)(6) 化石 ………………………………………… 2時間

(7) 火山によってできた土地……………………… 1時間

・日本列島の火山分布

(8) 火山灰と砂場の砂……………………………… 1時間

(9)(10) 地震によってできた土地　…………… 2時間

・津波

【学習の展開】

第1時　地形

ねらい　**私たちの住む土地には、高い所、低い所がある。**

準　備

・地域の地形がわかる地図

展　開

自分たちが住んでいる地域の地形について扱う。私は、東京都八王子市の多摩丘陵に位置する学校で実践をしたので、その学習例を紹介する。

① 東京都の立体地形図を見せ、4年生の社会で勉強した「山地、丘陵地、台地、低地」と東京都の土地の高さの区分を思い出させる。「このあたりは、多摩丘陵」「高尾山は、山地」「社会科見学に行ったお台場は低地」など話が出る。

②「私たちが住む○○小はどんな所に建っているのだろう」と課題を出す。

課題①　私たちが住む○○小はどんな所に建っているのだろう。

「多摩丘陵」と出てくるが、もっと詳しく土地の様子を見てみようと言って、屋上で観察をさせる。

③ 観察をする。(屋上)

・南や西は多摩丘陵が残っている。西側は、谷を隔てて（現在は線路や道路になっている）丘陵地が続き、学校や団地がある。北、東は駅、商業地、団地、大学と丘陵地帯が開発されたが、所々、自然の面影が残っている。

・学校は、南側の丘陵地の続きとして高い場所に位置している。

④ 教室に戻り、八王子市や学校周辺の地図を見る。

※資料（DVD『東京都の地形』有限会社地球人製作)、国土地理院地図（ホームページから）を使用。

・標高が 120 m くらい　・開発によって丘陵地の姿が変化しているが、谷など起伏がわかる。

・八王子は西側に山地がある。

・水は、大田川から大栗川、浅川、多摩川と流れていく。

⑤〈観察したこと、確かになったこと〉を書く。数人発表。

ノートに書かせたいこと

屋上にのぼって学校の周辺を観察した。この辺りは、多まきゅうりょうだったけれど、とくに北や東は商業地やマンション、学校を建てるためにけずられていた。でも、南や西にはきゅうりょうが残ってる。向かいの○○小学校の間には谷があり、道路や線路が通っていた。地図を見ると、ここは標高が 120 m くらいだとわかった。

八王子の西側は、等高線がたくさんあったから、だんだん角度が急になって、山になっていることがわかった。

第2時　花壇の土

ねらい　花壇の土は、有機物（炭になって燃える物)、れき、砂、泥からできている。

準　備　グループ数　・花壇の土　・ビーカー3個　・みそこし　・茶こし　・鉄の空き缶　・実験用コンロ

展 開

① 花壇の土を配る。そのままや手をぬらして触ってみる。感じたことを何人か発表した後、学習課題を出す。

課題② **花だんの土が何からできているか調べよう。**

② 作業課題なので、すぐに実験をする。実験は次のように行う。

ア）100mL ビーカー半分ほどの花だんの土を空き缶に入れ、強く熱する。

イ）しばらくすると、土が乾き始め、木の枝や葉のくずなどが、炭となって赤く燃える。赤く光ったら、葉や虫の死骸が灰になって燃えていることを話す。

ウ）燃える物がなくなり、土の色が茶色っぽく変わってきたら、火を止めてさまし、ふるいに入れてふるう。

エ）ふるいのそれぞれの網目にたまった物を、ビーカーにあけて触ってみる。

※第４時で使用するので分けた物はとっておく。

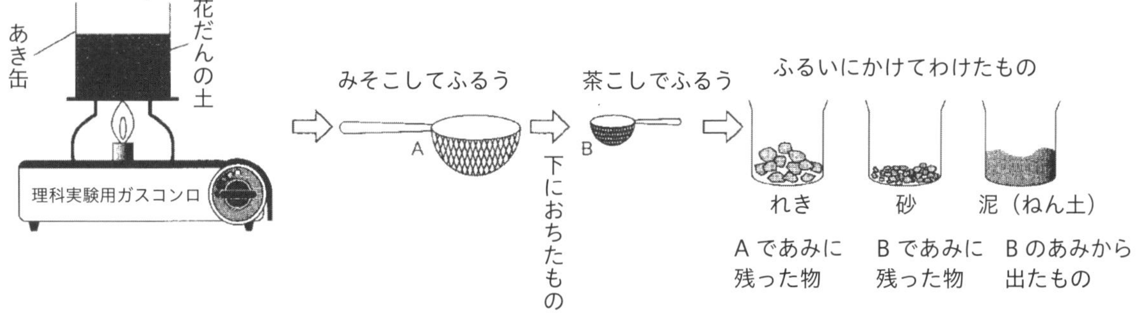

③ 土をつくる物は、その粒の大きさによって名前をつけること。大きな網目にたまった物をれき（礫）、中ぐらいの網目にたまったものを砂、その後に残った物を泥（粘土と言ってもいい）ということを教える。

④ 花だんの土は、葉や虫の死骸、れき、砂、泥からできていることを確認する。強く熱した後、土の色が変わったのは、土が乾いたのと土に混ざっていた葉や虫が燃えてしまい、土ができた時のもとの色にもどったからである。

⑤ 〈実験したこと、確かになったこと〉を書く。数人発表。

ノートに書かせたいこと

花だんの土をあきかんで燃やしたら、赤く光った。さましてふるいにかけた。「みそこし」でふるったら、小石が残った。「みそこし」から出た物を「茶こし」でふるうと、砂が残った。「茶こし」からでた物はどろだった。この実験で土は３種類に分類されることがわかった。石などのれきと呼ばれる大きい物、中くらいの砂、もっとも細かいどろやねん土があるとわかった。

解説

土地を作る細屑物（さいせつぶつ）は、その粒によって、礫（れき）・砂・泥という別の名称で呼ばれる。中学校の教科書では、粒径 2 mm 以上をれき、2 mm ～ 0.06mm を砂、0.06mm 以下を泥としている。

専門的には 0.06mm ～ 0.004mm の「シルト」と 0.004mm 以下の「粘土」を合わせて「泥」という。だから、泥と粘土は別の物をさす用語だが、小学校や中学校では、区別しないで使っている。

ここでは、容易に用意できる「みそこし」と「茶こし」をふるいに使い、おおざっぱに分別した。

第 3 時　学校の土地のようす

ねらい　**学校の土地は、れき、砂、泥などの地層でできている。**

準 備

・学校のボーリング資料実物（れき、砂、泥がわかる物）

・学校の土地の柱状図（ボーリング資料をれき、砂、泥などがわかりやすいようにつくった物。人数分）

展 開

① 「私たちの学校の土地の地下はどのようにできているだろう。」これが学習課題です。質問はありますか？…では、課題を書いて自分の考えを書こう。

② 〈自分の考え〉を書く。数人発表、討論。

・れきや砂や泥があると思う。

・それぞれが層になって積み重なっている。

③ 〈友だちの意見を聞いて〉を書く。数人発表。

④ 調べる。

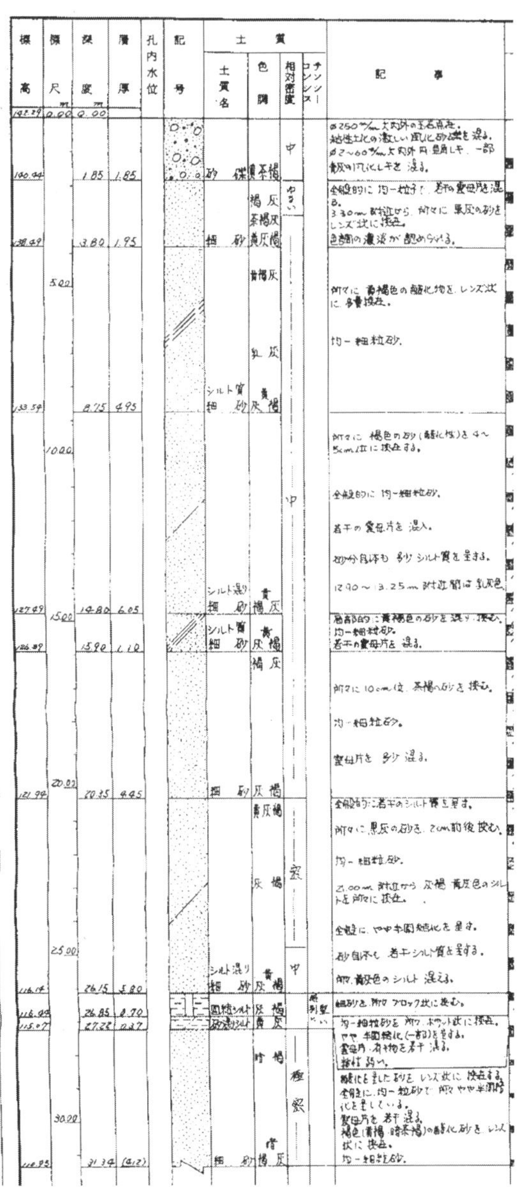

学校の土地の柱状図

ア）ボーリング資料のれき、砂、泥を見る。（サンプルがあるので実物を調べる）

イ）れきや砂や泥が積み重なっている学校の柱状図を見る。「地層」という言葉を教える。

⑤〈調べたこと、確かになったこと〉を書く。数名発表。

ノートに書かせたいこと

ボーリング調査の結果を見た。上の方には、れきや砂があったけれど、だんだん下にいくにつれて、砂が少なくなって、シルトが多くなっていった。れきや砂、シルトなどはたくさんの層になって積み重なっていた。これを「地層」ということがわかった。下の方にいくにつれて、昔にできた地層になっている。下の方はシルトが多かったので、大昔ここは、海底で、砂やれきがある地層の時代は、川の中流くらいではないかと思った。

発展として

近くに柱状図が手に入る学校や施設などがあれば、この資料をもとに地層の広がりに視点を向けた授業をこの後発展教材として入れることができる。

第４時　地層のでき方

ねらい　**地層は、れきや砂や泥からできている。地層は水のはたらきででき、化石の入っている地層もある。**

準　備

グループ数　・れき　・砂　・泥（２時にふるいで分けた物）　・メスシリンダー

教師用　・れき　・砂　・泥の混合物をメスシリンダーの水の中に流し込んで作っておいた地層　・れき岩　・砂岩　・泥岩

展　開

①　教科書の地層の写真を見て、地層はれきや砂や泥（ねん土）からできていることを確かめて、学習課題を出す。

課題③　**地層を作ってみよう。**

②　実験を次のように行う。

ア）ふるいで分けておいたれき、砂、泥を１つのビーカーに集めて混ぜる。

イ）メスシリンダーの目盛りいっぱいまで水を入れる。（メスシリンダーはプラスチック製で　250mL ～ 1000mL の長い方がいい。ペットボトルでもいい）

ウ）メスシリンダーにビーカーのれき・砂・泥を一気に流し込む。

れきや砂が底に沈み、上の方は泥で濁る。

１日たつと泥が沈んで濁りはなくなるので、このまま静かにしておくことにする。

エ）事前に作っておいた地層を見せる。ここにまた流し込んだらどうなると聞き、もう一段できることを確認してから、れき・砂・泥を流し込む。2回流し込んでできた地層を見せる。（教科書の地層のでき方を読む）

次の時間までに地層はできるが、本当の固まった地層になるためには、何百年もかかることを話す。

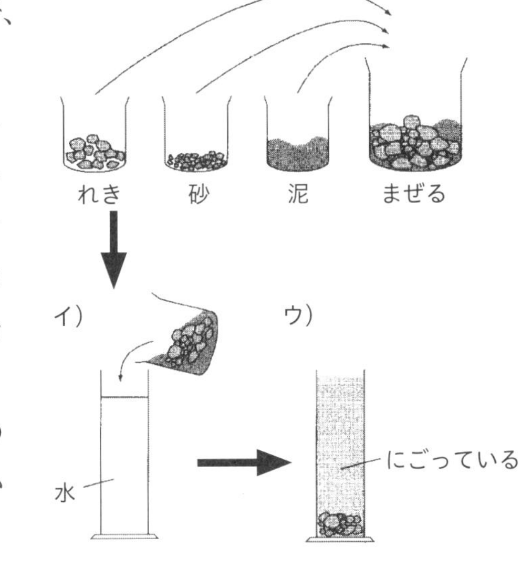

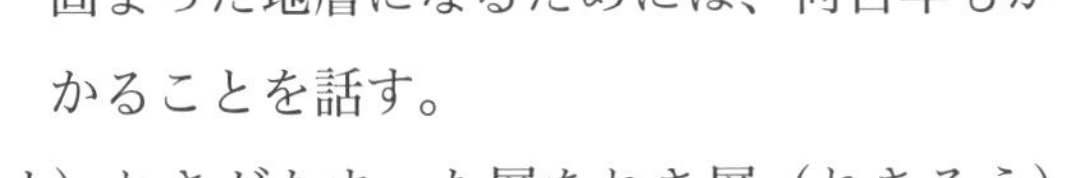

オ）れきがたまった層をれき層（れきそう）、砂がたまった層を砂層（さそう）、泥がたまった層を泥層（でいそう）といい、何百万年もたって、れき層が固まって岩石になった物をれき岩、砂層が固まって岩石になった物を砂岩、泥層が固まって岩石になった物を泥岩ということを話す。

③　れき岩、砂岩、泥岩を観察する。

④　〈実験したこと、確かになったこと〉を書く。数人発表

ノートに書かせたいこと

前に作ったれき・砂・どろをビーカーに入れ混ぜて、水の入ったメスシリンダーに入れた。れきや砂はすぐにしずみ、上の方はにごったままだった。1日おいたメスシリンダーの中の地層を見てみると、一番下にれき・次に砂・一番上にどろというふうに重なっていた。次にれき岩、砂岩、でい岩を観察しました。れき岩はれきが固まっていたのでごつごつしていて、砂岩はれき岩よりなめらかで、でい岩はとても軽かった。多まセンターで取ったでい岩には、貝の化石があった。このことからこの辺は昔、海だったことがわかった。

第５・６時　化石

ねらい　**塩原の木の葉化石を取り出す。**

準　備

・塩原の化石（人数分）　・金づち　・マイナスドライバー　・新聞紙（各自）
・化石の見本　・安全めがね

展　開

①　化石教材や教科書の化石を見る。化石の入っている地層がある。

②　化石は地層の間に挟まってできることを話して、塩原の岩石から化石を取り出してみようと話す。

課題④　**塩原の湖におよそ30万年前に堆積してできた泥岩がある。ここから化石を取り出してみよう。**

③　作業をする。

ア）１袋に泥岩が５個入っている。できれば、１人１個ずつ渡す。

イ）新聞紙を敷き、泥岩の細かい層が見えている面にドライバーをあてて叩くようにする。化石が出ると周りを叩いて、化石の形だけを取ろうとすると、割れてしまって失敗することが多いことも話しておく。木の葉化石は、葉の形が残っている物。

④〈実験したこと、確かになったこと〉を書く。数人発表。

ノートに書かせたいこと

塩原のでい岩で化石取りをした。でい岩はさわると、手に粉がついた。けっこうやわらかかった。私の班は小さな葉の化石しかでなかったけれど、大きな葉っぱや虫の化石が出た班もあった。化石は地層の間にはさまってできることがわかった。

※塩原の化石（泥岩）「木の葉化石園」で検索をすると詳細がわかる。１袋（５個入り）650円（送料別）　注文後１カ月くらいかかる。　栃木県那須塩原市中塩原472　TEL：0282-32-2052

第７時　火山によってできた土地

ねらい　**火山によってできた土地があることを知る。**

準　備

・地図帳　・日本の火山の分布図（人数分）
・NHK for school のビデオクリップ

展 開

① 「最近噴火した火山は？」「御嶽山」「噴火してどんなことが起きたかな？」「火山灰がたくさん降った」「岩や石が飛んできた」「人が犠牲になった」など知っていることを出し合う。

課題⑤ 火山が噴火すると、どんなことが起こるだろう。調べてみよう。

② 作業課題なので、すぐに調べ学習に入る。(グループ学習)

ア) 教科書を見てわかったことを書き出す。

イ) 発表する。

・火山灰が広い範囲に降り、積もる。何回も起きると火山による地層ができる。
・よう岩が流れる。
・土石流が起こる。
・土地が持ち上がって、山ができる。
・島ができる。
・火口湖ができる。
・人々の生活に大きな影響をあたえる。

③ 日本列島の火山分布を資料や地図帳で調べる。

『本質がわかる・やりたくなる　理科の授業　6年』 江川多喜雄 著　子どもの未来社より

資料

日本には200個以上の火山があります。このうち80個ほどの火山は、現在も噴火していたり、噴火しやすい活発な火山として、気象庁が中心となって観測しています。

日本の活火山のある場所を調べてみました。北海道にも本州にも九州にもあります。四国には活火山がありませんが、全体としては、日本列島は火山列島といえます。

『教科書よりわかる理科　小学6年』 江川多喜雄 監修　高田慶子 編著　合同出版より

④　NHK for school　のビデオクリップを見る。「火山の噴火と地形の変化」など２分程度。

⑤　〈調べたこと、確かになったこと〉を書く。数人発表。

ノートに書かせたいこと

ビデオや教科書を見て調べた。火山がふん火すると、熱いよう岩が流れ出たり飛び散ったりすることや、火山灰が広いはん囲に降り積もること、火山活動によって山や島、くぼ地や湖などができ、大地が変化することがわかった。人々の生活に大きなえいきょうをあたえることもあることがわかった。日本にはこのような活火山が80個以上あるということもわかった。

第８時　火山灰と砂場の砂

ねらい　**川でできた砂粒は丸い形をしているが、火山灰をつくる物は角ばった形の物である。**

準　備

・るつぼ皿（プリンカップ）（グループに２個）　・実体顕微鏡（グループ１台）

・スライドガラス（グループ２枚）　・火山灰　・砂場の砂

展　開

①　「砂場の砂は河原で集めた物である。この砂と火山灰の粒は同じような物だろうか。それを顕微鏡で見てみよう。」と言って課題を出す。

課題⑥　**河原の砂粒と火山灰の粒は、同じようなものだろうか。顕微鏡で見てみよう。**

②　各班で砂と火山灰をそれぞれるつぼ皿（プリンカップ）に入れ、水のにごりがなくなるまで繰り返して洗う。（水を少し入れて、人差し指の腹でこすり合わせる）

③　洗った砂を顕微鏡で観察する。

ア）１枚のスライドガラスに砂場の砂をのせて顕微鏡で見る。スケッチをする。

イ）もう１枚に火山灰の砂をとって顕微鏡で見る。スケッチをする。

④　テレビなどに投影できる顕微鏡があれば、全体で画像を見て確認をする。教科書の写真を使って、全体で確認する。

⑤　〈実験したこと、確かになったこと〉を書く。数人発表。

ノートに書かせたいこと

火山灰をけんび鏡で見ると、角ばっていた。いろいろな色の物があった。砂は、つぶが大きく、角は丸くなっていた。川の水に流されて角が取れて丸くなったとわかった。

第9・10時　地震によってできた土地

ねらい　**地震によってできた土地があることを知る。**

準　備　・東日本大震災の資料、写真集など　・世界の地震の分布（人数分）

展　開

①　阪神大震災、東日本大震災を実際に体験している私たちは、記憶がよみがえってくるが、子どもたちはほとんど知らない。資料などを使って、地震について調べていくことを課題として伝える。

課題⑦　**地震によっても大地が変化する。どのようなことが起きるだろう。調べてみよう。**

②　教科書を見て、班で調べて発表する。

・大きな災害が発生する。

・地割れや山崩れが生じる。

・大地にずれ（断層）が生じる。

・埋め立て地などの砂地では、土地が液体のようになり、地面から水や砂がふき出して、土地が沈んだり、建物が傾いたりする。

・津波が押し寄せる。

・土地が持ち上がったり、沈んだりする。

③　東日本大震災の写真、NHK for school ビデオクリップ「地震の多い国・日本」（1分51秒）の画像などを見る。

④　「世界の地震の分布」の資料を見る。

・日本列島は世界でも地震の多い国。

世界の地震の分布　　『日本の地震と大地を学ぶ』 觜本 格、江川多喜雄 編著　星の環会より

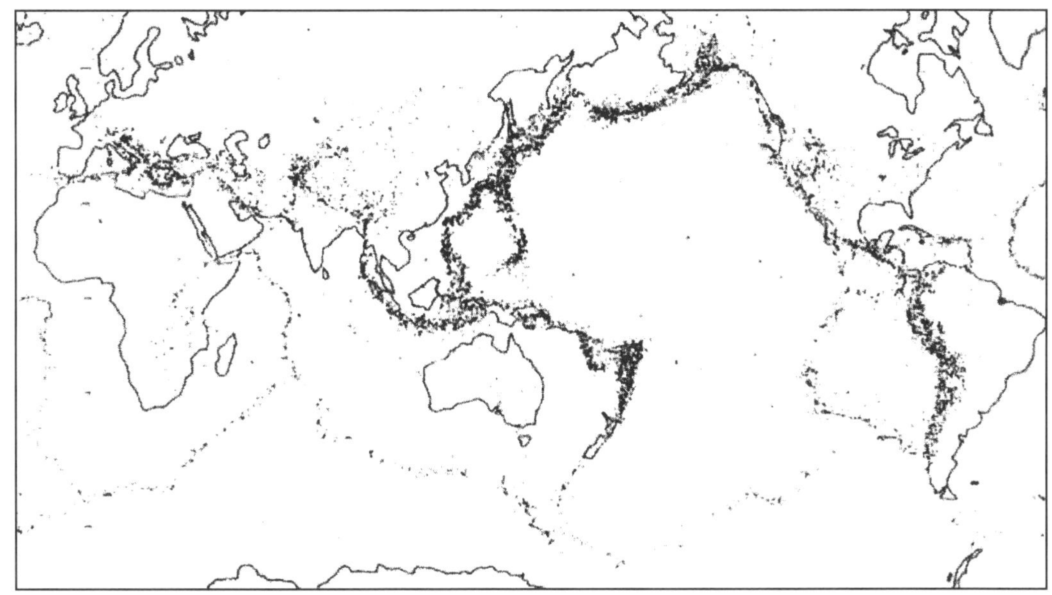

⑤〈調べたこと、確かになったこと〉を書く。数名発表。

ノートに書かせたいこと

地しんは大地や生活に多くのえいきょうをもたらすことがわかった。地しんが起きると、地層がずれ、断層ができること、つ波によって家屋などが流されること、火災、山くずれなどが起こることがわかった。他にも土地の液状化なども起こることがわかった。

日本は過去に多くの大地しんが起きていることもわかった。それは、日本が太平洋プレート・フィリピン海プレート・ユーラシアプレート・北米プレートの4つのプレートの境界線にあるから地しんが多く発生することがわかった。

※地域によって、「津波」の学習をしたい。「津波てんでんこ」「ハザードマップ」など参考に防災教育につなげたい。

単元のまとめ

「土地のつくりと変化」では、大地の物質をさぐる展開を

土地の学習は、時間的・空間的に広い範囲に及ぶことが多く、そのすべてを直接体験させることはできない。また、その全体像を理解することも難しい。

そのうえ、例えば地層を直接見学できたとしても、その地層を見分けて理解することは素人には難しい。地層の判断は、専門家でないとできない。複雑で難しい仕事なのである。

それでも、教科書やビデオを見て終わりではなく、なるべく直接体験をさせたい。そこで、手軽な本質的な理解につながる直接体験を考えてみた。

土地の学習では、どこでも共通する内容とその地域だけに特有な内容がある。前者には、地層の広がりや地震や火山についての一般的知識がある。後者には、それぞれの地域の学習がある。なんとか両方をやりたいが時間的に難しい。今回の学習内容では、前者を中心にしながら、多少後者の地域学習も含めてみた。自分たちが住んでいる土地の成り立ちや地面の下の様子が少しでもわかれば、地域の見方も変わると思う。そのためには教師が地域を教材化していく努力も必要である。

火山や地震については、詳しい仕組みについては中学で学習するが、地域の防災教育の視点をもった学習を進めたい。

7．力と道具（てこのはたらき）

【目標】

(1) 物に力を加えると変形し、物の形が変わったり、動きが変わったりする。
(2) 物にはたらく力には、向きと大きさがあり、力の大きさは重さの単位で表す。
(3) 物に力が加わると回転することがあり、輪軸やてこは回転するはたらきを利用した道具である。
(4) 輪軸やてこの回転するはたらきは、「力×支点（回転の中心）からの距離」で表される。
(5) 輪軸やてこのはたらきを利用した道具がある。

【指導計画】 10時間

力とその大きさ

(1) 力がはたらくと物は変形する…………………… 1時間
(2) 力の向きと大きさ ………………………………… 1時間
(3) 重さの単位………………………………………… 1時間
(4) 物を2人で持った時……………………………… 1時間

てこと道具

(5) くぎ抜きでくぎを抜く ………………………… 1時間
(6) 輪軸……………………………………………… 1時間
(7) てこ1（力点と支点） ………………………… 1時間
(8) 実験用てこ ……………………………………… 1時間
(9) てこ2（作用点と支点） ……………………… 1時間
(10) 生活のなかの輪軸やてこ ……………………… 1時間

【学習の展開】

力とその大きさ

第1時 力がはたらくと物は変形する

ねらい **物に力がはたらくと、形が変わったり、はたらきが変わったりする。**

準 備 教師用 ・紙 ・プラスチックのものさし（または下じき） ・ボール2個

展　開

①　「『力』という字を使った言葉にどんなものがあるかな？」「学力」「腕力」「力持ち」…。「今日からは、科学でいう「力」を勉強します。」

②　紙を手で曲げて見せ、「紙が曲がったのは？」と聞くと、「先生の手が力を入れたから」。ものさしをしならせると「ものさしに先生の手の力が加わったから」など意見が出る。

③　次に、ボールを２個取り出す。１個を机上に置く（A)。もう１つのボール（B）をころがしてAにぶつける。Aのボールは動きだし、Bは止まるか、はね返ったりする。

T：Aを動くように力を加えたのは？　　C：Bのボール

T：Bが止まってしまうように力を加えたのは？　　C：Aのボール

T：そうですね。力は見えませんが、物の形が変わったり、動きが変わったりしたのを見て、力が加わったとわかります。科学でいう『力』は、物と物のはたらきき合いです。『紙に先生の手の力が加えられた』『Aのボールに B のボールが力を加えた』というように、『何が何に力を加えたか』と言うことが大切です。

とまとめる。

④　〈実験したこと、確かになったこと〉を書く。数名発表。

ノートに書かせたいこと

先生が画用紙を両手で持った。それを曲げて変形させた。この時、手から力が加わったからだとわかった。ものさしも同じだった。次にボールAを１つ置いて、ボールBをそれに当てた。この時、AはBに力を加えられたことによって動いたとわかった。Bは手から力が加わって動き、Aに当たるときにAに力を加えるだけでなく、逆に力をもらってはね返った。だから、物と物をぶつけると、おたがいに力がかかることがわかった。

第２時　力の向きと大きさ

ねらい　**力には、向きと大きさがある。**

準　備

グループ数　・棒１本（子ども同士で引き合える長さ）　・つるまきバネ３本
　　　　　　・バネをつるすスタンド

展　開

①　１本の棒を２人の子どもに引っ張らせる。１つの物に２つの力が反対方向に働いた時、力の大きい方に動く。力の大きさが同じなら止まっている。２人の力加減を

変えながら、その様子を観察し、力の方向と大きさを矢印で表すようにする。(図①)

①
左に動く　右に動く
どちらにも動かない
力の向き→印
力の大きさ→印の長さ

② つるまきバネを3本セットした実験道具を見せる。

「同じ強さのバネです。右手と左手でバネをひきました。(図②) どちらの方の力が大きいかな？」「右」「なぜ？」「加える力が大きいほどバネが伸びるから」

② 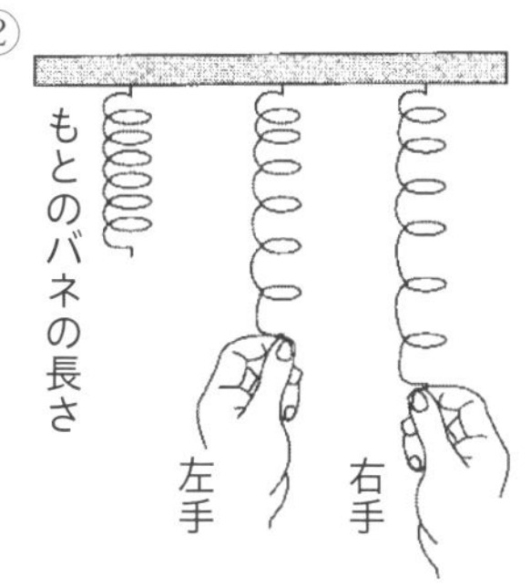

③ 「手で感じてみよう。バネを伸ばす長さを変えて、その時の手の感じを調べよう」とグループになり各自が体験する。図に下向きの矢印を書き入れる。バネをつまんだところに、左は短く、右は長く。

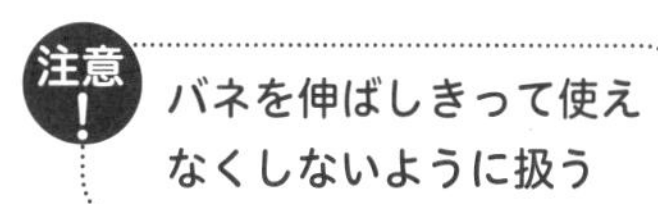

④〈実験したこと、確かになったこと〉を書く。数名発表。

ノートに書かせたいこと

〇〇君と△△君が棒をおし合う実験では、〇〇君が棒をおして、△△君が力を入れないと、棒は△△君の方におされ、△△君が棒をおして、〇〇君が力を入れないと、棒は〇〇君の方におされた。どちらも力を入れると、棒はどちらにも動かなかった。このことから、おされるのは力がつり合っていない時だとわかった。

今度はバネをのばしてみた。実際にバネを引くと、のばした方が強く感じた。だから、右の方が力が強いとわかった。

つけたしの実験 STEP UP!

「バネに、50gと100gのおもりをつるします。どちらの方がバネが長く伸びるだろうか？」「100gの方」「2倍になると思う」など考えを出し合った後、グループ実験をする。バネ1本ずつに50gと100gのおもりをつるしてのびを比べる。

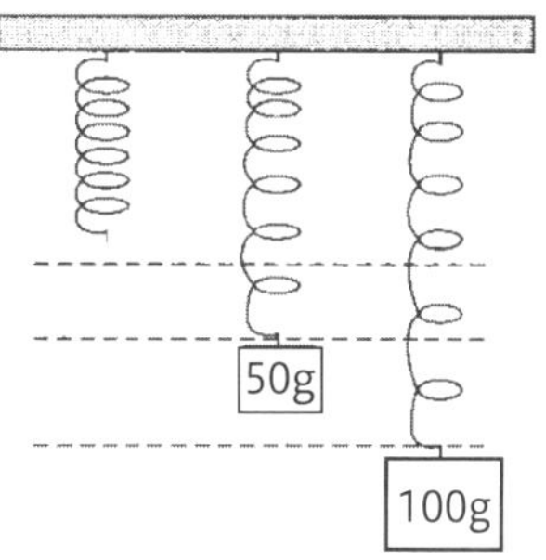

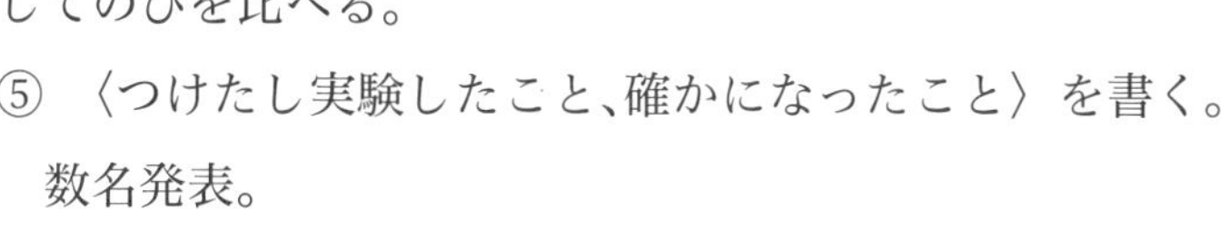

⑤ 〈つけたし実験したこと、確かになったこと〉を書く。数名発表。

ノートに書かせたいこと

50gと100gのおもりを同じバネにつるしたら、100gの方が2倍の長さになり、比例していた。それだけ大きな力がバネにかかっていたことがわかった。

第３時　重さの単位

ねらい　**力の大きさを重さの単位で表す。**

準　備　教師用

・つるまきバネ　・バネをつるすスタンド　・おもり　・画用紙１枚　・台ばかり

・バネばかり（5 kg くらい）

展　開

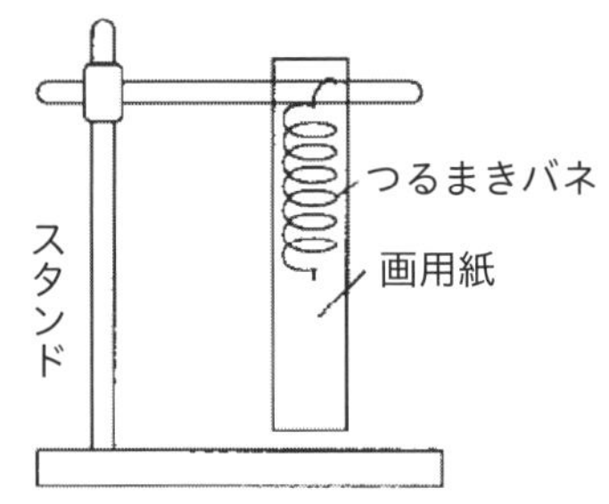

①　右の図のように用意した実験道具を出す。

ア）初めに 50g のおもりをバネにつるし、伸びたところに印をつける。

イ）次に、おもりを外して、手でバネが伸びたところまで伸ばす。

課題①　**ばねをのばした手の力の大きさは、どのくらいと言えるだろう。**

②　〈自分の考え〉を書く。数人発表。討論。

③　〈友だちの意見を聞いて〉を書く。数人発表。

④　実験をする。

ア）バネばかりに 50g のおもりを下げ、重さをはかる道具だと示す。

イ）バネばかりをバネにつけ、伸びた印まで手で引っ張る。

バネばかりの目盛りを見ると、50g になっていることがわかる。

ウ）バネを伸ばした手の力は、50g の力ということを確認する。

エ）バネばかりにおもりをいくつもぶら下げたり、それと同じ重さまで手で引っ張ったりし、下向きに引っ張っている重さを体験する。

⑤　〈実験したこと、確かになったこと〉を書く。数人発表。

ノートに書かせたいこと

バネに 50g のおもりをつるして、バネがのびたところに印をつけた。次にその印のところまで先生がバネを引っ張った。バネを引いた力は 50g だと思ったが、バネばかりで矢印まで引っ張ってみたら、やはり 50g だった。先生がバネを下向きに引いた力は 50g の力と言える。

⑥　台ばかりを出す。

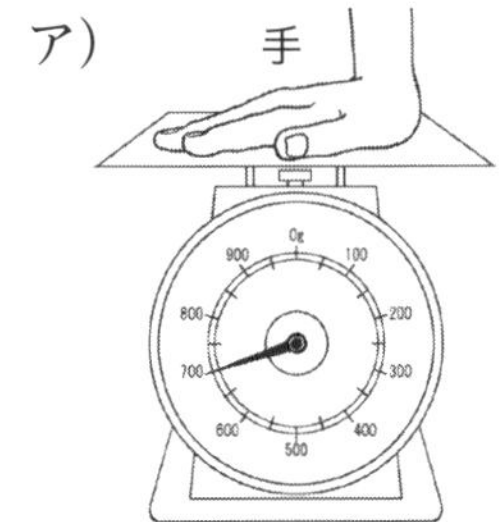

ア）手で押す。

T：先生が台ばかりを押している力の大きさはどれだけだろう。

C：700g の力。　C：針が 700g をさしているから。

イ）台ばかりの上に本をのせる。

T：本が台ばかりを下向きに押している力の大きさはどれだけだろう。
C：500g の力。
T：では、台ばかりが上向きに本を押し上げている力の大きさは？
C：500g の力。　C：針が 500g で止まったままだから。

⑦〈実験したこと、確かになったこと〉を書く。数人発表。

先生が台ばかりをおしたら、針が 700g をさした。だから、先生は 700g の力を入れている。本を台ばかりにのせたら 500g をさした。本が台ばかりを 500 g の力でおしていることわかった。また、台ばかりは上に 500g の力で本をおしているから止まっているとわかった。

第４時　物を２人で持った時

ねらい　**１つの物を２人で持つと、１人の時より小さな力で持つことができる。**

準　備

・水（砂）の入ったバケツ（4 kg）
・5 kg のバネばかり２本　・1 m 以上の棒

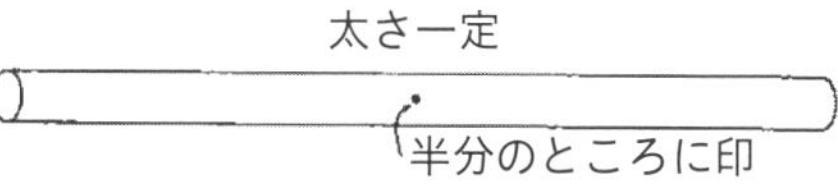

展　開

①「水の入ったバケツを棒の真ん中につるして２人で持つと、１人分の力の大きさはどうなるだろう」と課題を出す。

課題②　**水の入ったバケツを棒のまん中につるして、A と B の２人で持ち上げる。A と B の力の大きさは同じだろうか。**

②〈自分の考え〉を書く。数人発表。討論。

③〈友だちの意見を聞いて〉を書く。数人発表

実験①

ア）A と B の２人の子に、バネばかりで持ち上げさせ、バネばかりの目盛りを読む。

イ）どちらも 4 kg の半分の 2 kg だとわかる。

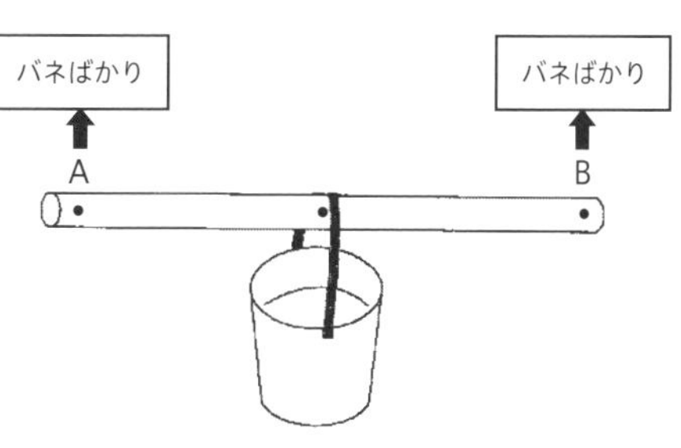

実験②

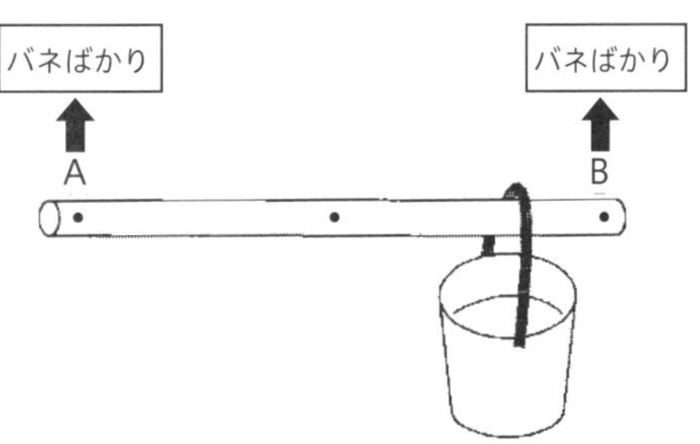

ア）「今度は、バケツをBの方に寄せて持ちます。AとBのどちらが大きい力で持つことになるだろうか。それとも同じ力だろうか」と問い、若干の意見を出させ実験をする。

イ）実験1と同様に、バネばかりで持ち上げる。

ウ）Bの方が重くなり、大きい力で持っていることがわかる。

④ 〈実験したこと、確かになったこと〉を書く。数人発表。

ノートに書かせたいこと

水の入った4kgのバケツをつるした棒をAとBの2人で持ち上げる実験をした。まず、バケツを真ん中につるした。AもBも2kgの力を入れていた。次は、バケツをBの近くにつるした。Aは1.5kg、Bは2.5kgの力を入れたとわかった。バケツから棒までのきょりが近い方が力を入れ、遠い方は力を入れていないことがわかった。

てこと道具

第5時　くぎ抜きでくぎを抜く

ねらい　**くぎ抜きの支点より遠いところに手で力を加えると、小さな力でくぎが抜ける。**

準　備

・L字型のくぎ抜き（グループ数）　・くぎを打つ角材　・くぎ

展　開

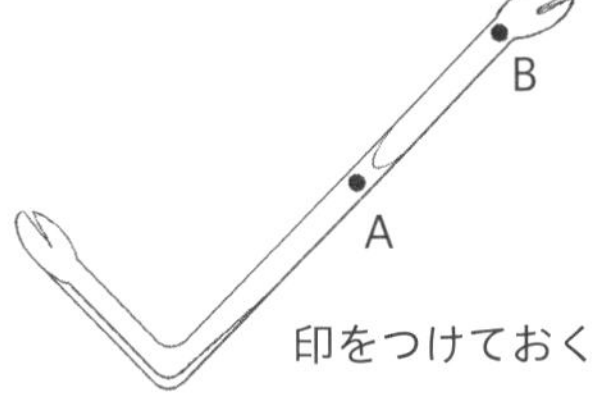

① くぎ抜きを見せて、くぎの抜き方を教える。「くぎ抜きの短い方にくぎを引っかけて、長い方を手で押し下げると、くぎが抜ける。なぜだろう。」と言って課題を出す。

課題③　**くぎ抜きのAとBのどちらを持った方が小さな力でくぎがぬけるだろう。**

② 〈自分の考え〉を書く。数人発表。討論。

・Bの意見が多い。前回の実験から考える意見が多い。

③ 〈友だちの意見を聞いて〉を書く。数人発表。

④ 実験

全員が体験する。（抜けたら自分たちでくぎを打つ）

Bの方が小さな力でできることがわかる。

⑤ くぎ抜きの仕組みを教える。

ア）支点、力点、作用点の言葉と位置を教える。

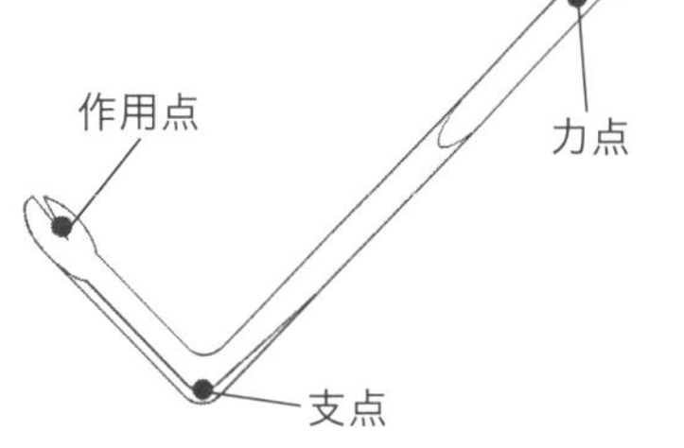

イ）くぎ抜きを黒板に当てて、力点に力を加えると、支点を中心に円を描くように動く様子をくぎ抜きにチョークをつけて見せる。

ウ）抜けた釘が曲がっている様子を見る。

エ）支点より遠くに力を加えれば小さな力で回転する仕組みを「てこ」ということを教える。

⑥〈実験したこと、確かになったこと〉を書く。数人　発表。

ノートに書かせたいこと

Aより Bの方がぬきやすかった。それは力を加えた所が丸い所から遠かったからだ。この丸いところを支点、くぎをぬく所を作用点、力を加える所を力点という。力点が支点から遠いほど小さい力で作用点を動かすことができる。支点を中心に力点と作用点が円をえがくように動いた。この仕組みを「てこ」ということがわかった。

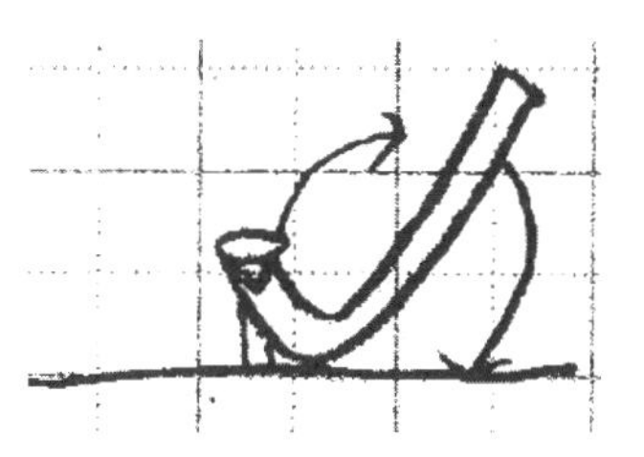

第６時　輪軸

ねらい　**輪軸は回転の中心から遠い方が小さな力で回転する。**
輪軸を使って回転するはたらきのきまり（力のモーメント）を見つける。

準　備　グループ数　・バット１本　・輪軸とおもり

展　開

①　バットを見せ、「バットの太い所（B）と細い所（A）を持って逆向きに回す時、どちらを回した方が勝つだろうか？」と質問する。「Aの方がにぎりやすいから勝つ」「Bの方が太いので中心から遠い所を回すから勝つ。」などの意見が出る。

②　実験をする。
バットを回し合うと、Bの方が勝つ。

③　輪軸を見せ、仕組みを説明する。
同じ重さのおもりを左右同じ位置につるすと回転せず、重さを変えると重い方に回転することを見せる。

課題④　**輪軸の大きな輪と小さな輪に同じ重さのおもりをぶらさげると、どちらに回転するだろう。それとも回転しないだろうか。**

④ 〈自分の考え〉を書く。数人発表。討論。

⑤ 〈友だちの意見を聞いて〉を書く。数人発表

⑥ グループ実験①

・大きい輪の方に回転することがわかる。

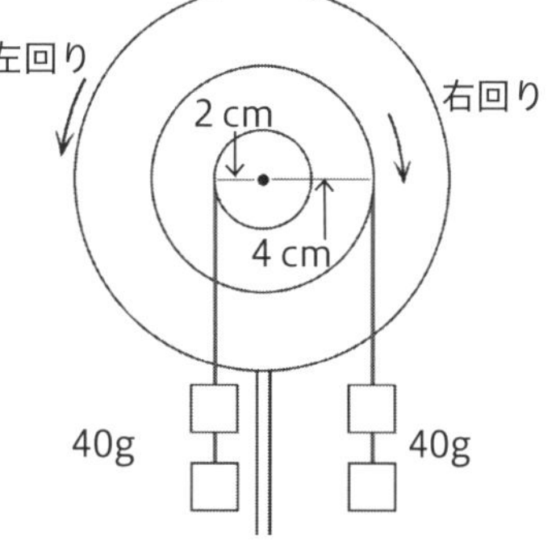

⑦「右と左がつり合うためにはおもりをどうすればいいか」グループで考えさせる。

・中心からの長さが右は左の 2 倍だから、左を 2 倍の重さにすればいいのでは？

⑧ グループ実験② で確かめる。

・他にもおもりを下げて、どんなときにつり合うかきまりを見つけさせる。

・重さ×中心（支点）からの距離の数値が同じになるとつり合うことがわかってくる。

右：40g の力× 4 cm ＝ 160g　左：80g の力× 2 cm ＝ 160g

・物を回転させるはたらきのことを「力のモーメント」と言うことを教える。

⑨ 〈実験したこと、確かになったこと〉を書く。数人発表。

ノートに書かせたいこと

輪じくの右と左に４０ｇのおもりを下げておさえていた手をはなしたら、右に回った。バットの太い方が勝ったのと同じだった。左より右の方が中心からのきょりが2倍だったから、左を2倍の８０ｇの重さにしたらつり合った。重さ×支点からのきょりが等しいとつり合うということがわかった。重さが重い方に回転するということを力のモーメントということもわかった。

第 7 時　てこ 1

ねらい　**てこは力点が支点から遠い方が小さな力で物を持ち上げられる。**

準　備　・てこの装置一式　・砂袋

展　開

①　てこの中心を支持台に乗せ、片方に砂袋をぶら下げ、反対側を押してつり合わせる。その際、どこが支点・作用点・力点になるか確認する。

課題⑤　**てこに砂袋をぶら下げて持ち上げます。力点が支点から遠い（B）と近い（A）とでは、どちらの方が楽に持ち上げることができるだろうか。**

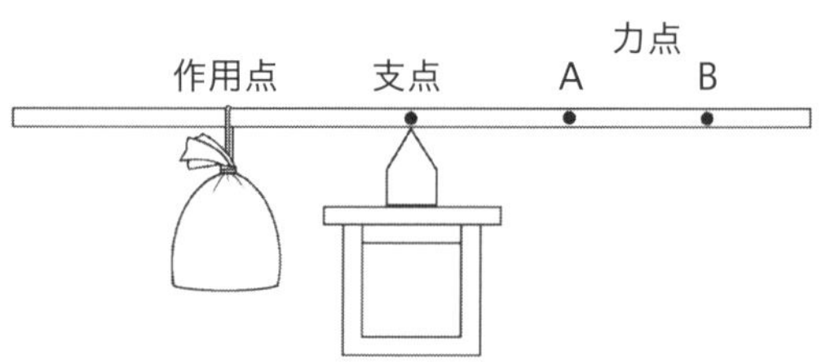

② 〈自分の考え〉を書く。数人発表。討論。

③ 〈友だちの意見を聞いて〉を書く。数人発表。

④ 実験をする。

ア）A、B どちらも全員が体験する。

イ）B が楽にも持ち上がったことを確認する。

⑤ 〈実験したこと、確かになったこと〉を書く。数人発表。

ノートに書かせたいこと

結果はBの方が楽だった。これは、くぎぬきの時と同じで、支点から力点が遠い方が小さな力で持ち上げられるからだった。逆にAは大きな力でないと持ち上がらないことがわかった。

第8時　実験用てこ

ねらい **てこは支点から遠くに力点をとると、小さな力で物を動かすことができる。**

準 備 グループ数　・実験用てこ　・おもり

【展開】

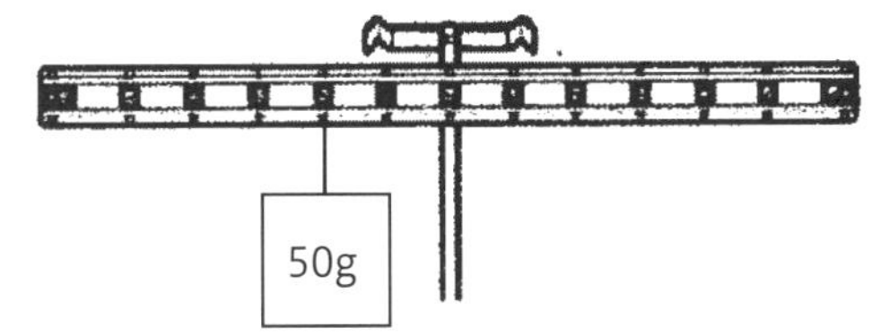

① 実験用てこを見せ、左に力を加えると左に回転し、右に力を加えると右に回転するのを見せる。支点は真ん中で、左右は力点や作用点になること、何もつけないと水平になることを見せる。中心から同じ距離の位置に同じ重さのおもりをぶら下げるとつり合うことを見せる。

② 支点から左に 2 目盛りの所に 50g のおもりをつるすと、左に傾いてしまうのを見せ、「棒を水平にするには、どこにどれだけの力を加えたらいいだろう」と課題を出す。

課題⑥ **実験用てこの左うでの支点から 2 目盛りの所に 50g のおもりをぶら下げる。どんな時に左右のうでがつりあうだろうか。**

③ 〈自分の考え〉を書く。そして、討論。

・右うでの 2 目盛りに 50g・4 目盛りに 25g・おもさ×距離の積が 100 になればいい。

④〈友だちの意見を聞いて〉を書く。数人発表。

⑤ グループ実験③

つり合う時のきまりを見つけた班は、1 カ所ではなく、複数箇所におもりをぶら下げて確認する。

⑥ どんな時につり合ったかを出し合い、きまりを確認する。

おもりの重さ×目盛りの数（中心からの距離）が左右同じであれば、つり合う。

50g の力 ×2 目盛り＝ 100g　25g の力 ×4 目盛り＝ 100g

左回転の力のモーメント（100g）と右回転の力のモーメント（100g）が等しい。

⑦〈実験したこと、確かになったこと〉を書く。数人発表。

ノートに書かせたいこと

左うでにかかっている力は 50 × 2 ＝ 100g なので、右うでにも 2 めもりの所に 50g のおもり、4 めもりの所に 25g のおもりなど、重さ×支点からのきょりの積が 100g になる組み合わせでおもりをぶら下げれば、つり合うとわかった。

右から 1 めもりの所に 25g と 3 めもりの所に 25g のおもりをぶら下げても、重さ×支点からのきょりの積が等しくなっていれば、てこは回転しないでつり合うとわかった。

つけたしの実験 STEP UP!

右図のようにした時、A の上向きの力はどれだけだろうかと問い、計算で求めさせる。

60g × 2 目盛り＝ 120g

120g ÷ 6 目盛り＝ 20g

実際に 6 目盛りの所にバネばかりで引き上げ、水平にすると 20g であることを確認する。

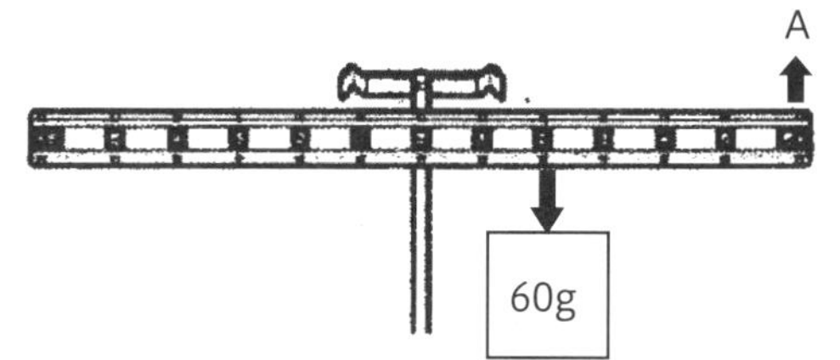

Column（コラム）「てこ」と「てんびん」

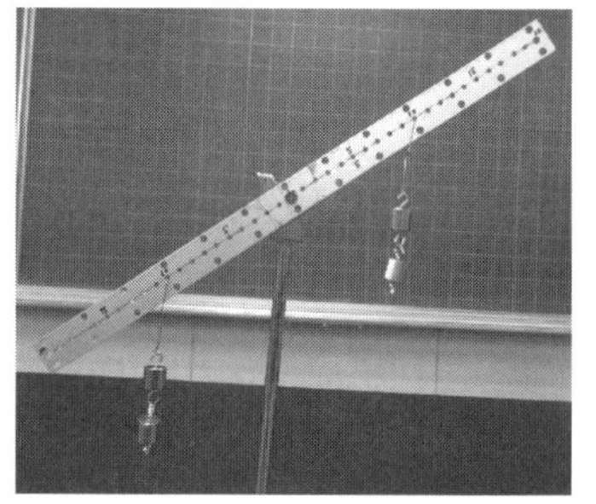

理科室にある「実験用てこ」の支点はバーの中心または、上にあり、おもりをつける穴は、バーの下にある。そのため、同じ重さでつり合ったときには、水平になる。これは「天びん」のはたらきと同じと考えられる。てこは、バーの重心を支点にし、左右の力点（おもりをつける点）が支点と同一直線上にあることが条件。写真のように「てこ」はつり合った時、回転せずにつり合う。そのため、学校にある「実験用てこ」よりも自作の「てこ」のほうがいい。また目盛りも長さで表せるので重さの単位として表しやすい。このてこは、実験用てこを用務主事さんにお願いして、中心に 1 cm ずつ穴を開けて自作した。

詳細は『「授業作りシリーズ　これが大切　6 年　小学校理科」（本の泉社）　山口勇蔵さんの「てこのはたらき」の項』を参照してほしい。本書は、理科室の「実験用てこ」の目盛りを使った授業にしている。

第9時　てこ2

ねらい　**てこは作用点が支点よりも遠いほど力点にかかる力が大きくなる。**

準備

・てこの装置一式　・おもり

展開

① てこの装置を見せ、課題を出す。

課題⑦　**てこを押す場所（力点）は変えずに、砂袋の場所（作用点）を支点から遠くすると、持ち上げる力はどうなるだろうか。**

② 〈自分の考え〉を書く。そして、討論。

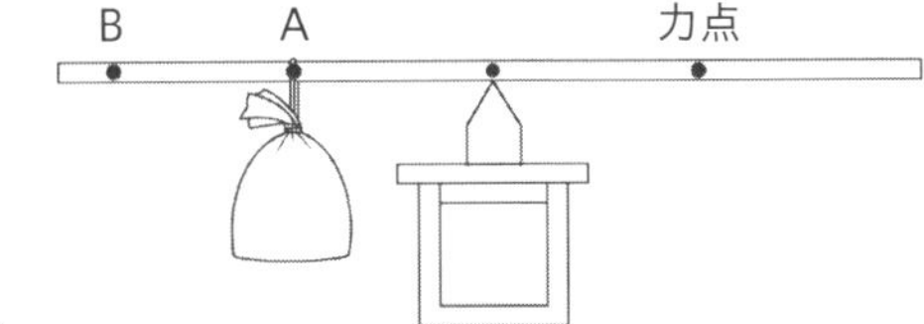

前時の学習をもとにして、Aの方が軽くBの方が重いという意見が多い。

③ 〈友だちの意見を聞いて〉を書く。数人発表。

④ 実験

砂袋をAからBに移動させて全員が体験をする。Aは持ち上がるが、Bは持ち上がらない。

つけたしの実験　STEP UP!

「重いものを楽に持ち上げるためには、作用点・支点・力点をどう配置したらいいか」を考えさせる。

支点と作用点を近づけて端に寄せ、反対の力点側の距離を長くとると、指1本でも楽々おもりを持ち上げることができた。

⑤ 〈実験したこと、確かになったこと〉を書く。数名発表。

ノートに書かせたいこと

Aは軽くて、Bは重かった。これは、支点から作用点が近いほど小さな力で、遠いほど大きな力が必要だからだ。前の時間の重さ×きょりの公式でも求められる。重い物を少ない力で動かしたい時は、作用点を支点に近づけ、力点を目いっぱい支点からはなせばいいとわかった。

「子どものノートの絵」より

第10時　生活のなかの輪軸やてこ

ねらい　**輪軸やてこを利用した道具を見つける。**

準　備

・はさみ　・ピンセット　・ペンチ　・ドライバーなど

展　開

①「てこのはたらきが生活のなかで、どのように生かされているか調べよう」と観察課題を出す。

②　準備した道具を各班で調べる。
　支点・力点・作用点を見つける。教科書の資料と照らし合わせて調べる。

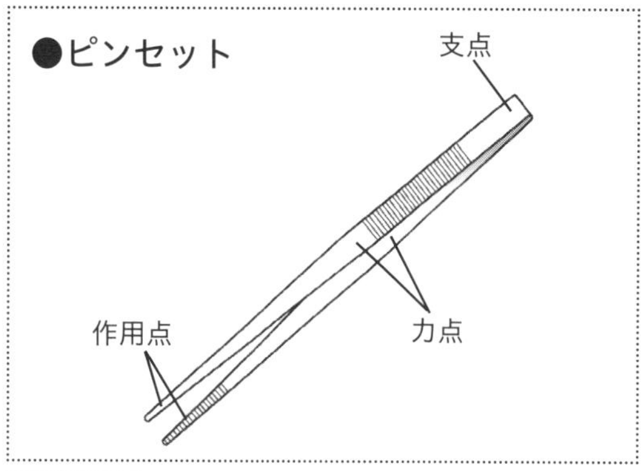

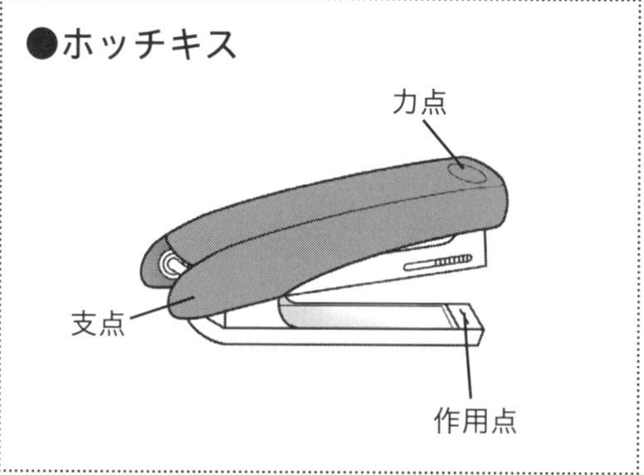

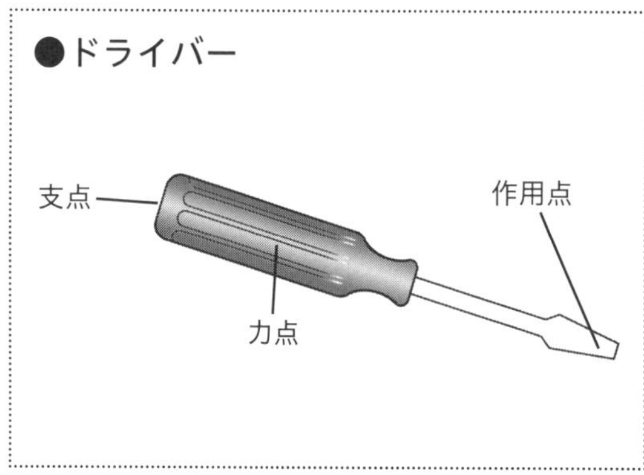

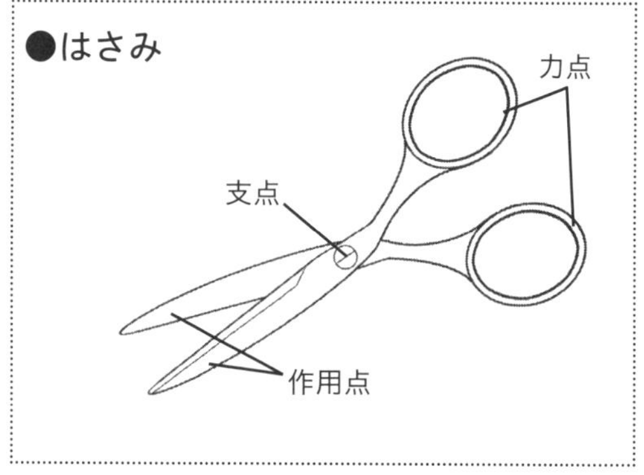

③　蛇口の取っ手のある場合とない場合を体験する。
　取っ手がないとまるで回せない。回転させる道具も手に持つ所が大きくなっていると楽に仕事ができることもわかる。

④　自転車のどこに輪軸やてこの仕組みが利用されているか考える。
　ハンドル、ペダル、ブレーキ、スタンド…

⑤　〈観察したこと、確かになったこと〉を書く。数人発表。

ノートに書かせたいこと

身近にある物の支点・力点・作用点を調べた。多くの物の支点が力点と作用点の間にあった。ホチキスやピンセットは曲がっている作用点の反対側に支点があった。どれも支点から遠く、力が入りやすい所が持ちやすくなっていることがわかった。身近な物にもてこや輪じくのはたらきが多く使われ、さまざまな役割を果たしていることがわかった。

単元について

「力」の学習で大切にしたいこと

子どもたちは、日常生活のなかで「バネの力」とか「筋肉の力」とか「超能力」などと「力」をある物が持っている特性のようにとらえている。確かに「力」そのものは目に見えないし、とらえにくいものだから、そのようになりがちである。しかし、力学的な意味での「力」は、物自体が持っている性質ではなく、物と物とがはたらき合い、その結果、物が変形したり物の動き方が変化したりするときに、その原因になる物として考えられるものである。だから、力学的現象を見る時は、いつも「何が何に及ぼしている力」なのかを明らかにしておく必要がある。

例えば、バネを手で引っ張るとバネは伸びる。このように物（バネ）と物（手）との間に働く力そのものは目で見ることはできないが、物に物が力を加えると、その物は変形する。つまり、物の変形によって見えない力が見えるようになってくる。その時、バネに大きな力を加えると、バネはたくさん伸びるし、小さな力では少ししか伸びない。このように、物の変形する量の大きさによって加えた力の大きさを知ることができる。

てこは物を回転させるはたらきを利用した道具であるから、まず、輪軸を使い、力点が回転の中心から遠くなると、小さな力で回転させることができることをとらえさせ、身の回りのさまざまな所でその仕組みが使われていることに気付かせたい。ここで、物を回転させるはたらき（力のモーメント）についてとらえさせておきたい。

その次に、てこを使って、重い砂袋を持ち上げる作業を通して、支点から力点までの距離を長くすることで加える力が小さくなることをおさえる。これも力のモーメントであり、この仕組みを実験用てこで確認させたい。それから、支点から作用点までの距離を遠くしたらかかる力が大きくなることをとらえさせる。

最後に、生活のなかでもこのはたらきが生かされていることを発見し、さまざまな道具に目が向けられる学習を大事にしたい。

8．電気のはたらき

【目標】

電熱線に電気が流れると、発熱・発光する。

手回し発電機や光電池で、電気をつくることができる。

(1) 電気の流れる量が多いほど、発熱が大きくなり、電球は明るく光る。

(2) 手回し発電機を回転させたり、光電池を光に当てたりして、電気をつくることができる。

(3) つくった電気は、蓄電池（コンデンサー）に蓄えることができる。

(4) 蓄えた電気で、豆電球や LED に明かりをつけたり、ブザーを鳴らしたり、モーターを回したりできる（放電）。

【指導計画】　8時間

電気を流すと、発熱・発光する

(1) 流れる電気の量が多いほど、豆電球は明るく光る …………1時間

(2) 流れる電気の量が多いほど、より発熱する …………………1時間

※ 可能ならば、シャープペンシルの芯の「発熱・発光」を見せる

電気をつくる・ためる・使う

(3)(4) 手回し発電機・光電池で発電する ………………………2時間

(5)(6) コンデンサーに蓄電し、放電する ………………………2時間

電気を利用した物づくり、プログラミング体験

(7)(8) パソコンなどを利用したプログラム体験 ………………2時間

【事前準備】

(1) スーパーなどで手に入る、プラスチックのトレーを１人１つ用意させる。

(2) 乾電池をつなぐと同じ明るさで光る豆電球を用意する（電圧（V）、電流（A）の数値が違うものがある）。

【学習の展開】

電気を流すと、発熱・発光する。

第１時　流れる電気の量が多いほど、豆電球は明るく光る

ねらい　流れる電気の量が多くなると、豆電球は明るく光る。

準 備 ・豆電球（2.2V、0.11A）５つ　・ソケット５つ　・検流計、電源装置

展 開

① これまで、「電気」についてどんな学習をしてきたか聞く。「電磁石」「豆電球に明かりをつけた」「直列や並列つなぎ」などが出る。教卓に集め、豆電球・ソケット・電源装置を確認する。そして、豆電球１つに、乾電池１つ分の電気を流した明かりを見せる。次に、右の図のような装置を見せて、課題を出す。

課題① **５つの豆電球を直列につないだものに、乾電池１つ分の電気を流す。豆電球の明かりは、豆電球１つの時と同じだろうか。**

② 「自分の考え」をノートに書き、発表する。討論。

●１つの時と同じくらい明るく光る………（　　）人
●１つの時よりも暗くなるけど、光る……（　　）人
●光らない………………………………………（　　）人
●迷っている……………………………………（　　）人

・流れている電気の量が同じだから、明るさは変わらない。
・電気の量が同じでも、使うところ（電球）が多いから、電気が分かれてしまって明かりはつかない。
・電気は流れているから、弱くなる。
・豆電球の直列つなぎはやったことがないから、わからない。

③ 「友だちの意見を聞いて」を書き、数人発表。

④ 調べる。

ア）教師机に集めて、実験してみせる。この時、豆電球１つのものを隣に置いておき、明るさの違いを見せる。

「１つ分よりも、暗い。」「ほとんど光っていない。」

検流計をはさみ、電気は流れているが、明かりが弱くなったことを確かめる。

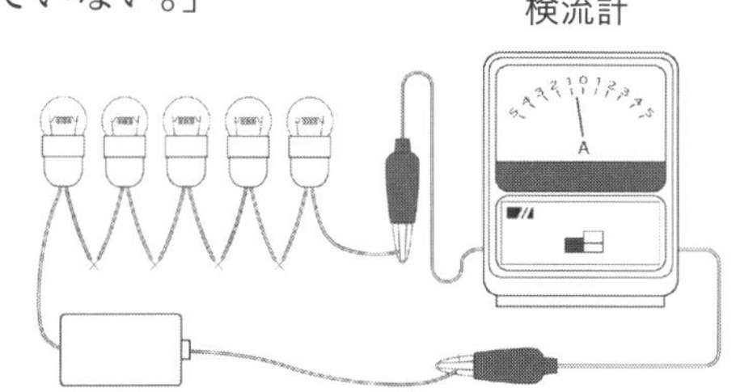

イ）「もっと明るくするにはどうすればいいか。」と聞き、「電池の数を増やす」「電気をたくさん流す」を出させて、乾電池の数を増やしていく。

流れる電気の量が多くなると、豆電球がより明るくなることを教える。電気を流した時、明るく光ることを「発光する」という言い方をすることを教える。

⑤ 〈実験したこと・確かになったこと〉をノートに書く。

ノートに書かせたいこと

かん電池１つに豆電球５個を直列につないだら、明かりがつかなかった。でも検流計につないだら、電気は流れていた。電池を増やして電気を流せば流すほど、豆電球は明るく光った。電気を流すと「発光する」ことが確かになった。

第２時　流れる電気の量が多いほど、より発熱する

ねらい　**電熱線に流れる電気の量が多いほど、電熱線は発熱する。**

準　備

・棒温度計、エナメル線（５年生のコイルで使用するもの）
・ニクロム線を釘に巻き付け木材に打った物　・電源装置
・発泡ポリスチレン（スーパーなどで使われているトレー）
　※　可能ならば、シャープペンの芯、ワニロクリップ、スライダックス、家庭用60Ｗ電球

展　開

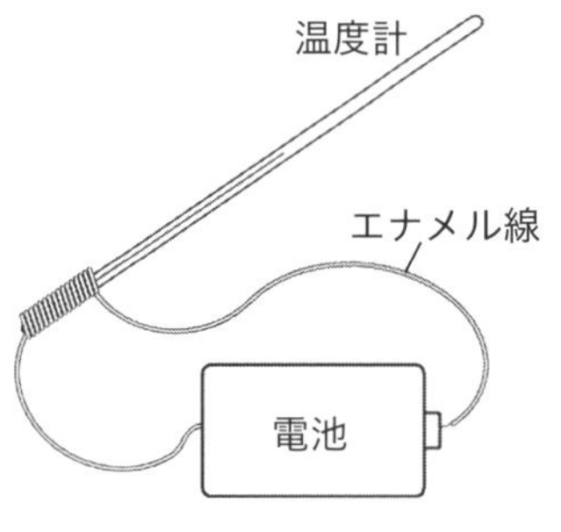

①　子どもたちを教師机に集める。エナメル線を温度計のえきだめに巻きつけ、両端を紙やすりでけずって乾電池につなぐと、温度計の目盛りはどうなるか聞く。やって見せると、温度が上がっていくことがわかる。「電気を流すと発熱する」と教え、ドライヤーやアイロンなどの例を挙げた後、今日の課題を出す。

課題②　**ニクロム線に電気を流して、発泡ポリスチレンをとかしてみよう。**

②　作業課題なので、グループで実験をする。
　ア）机の上をきれいにし、電源装置、ニクロム線･ポリスチレンのトレーを配る。
　　（トレーを家から持たせると、たくさん活動できる）
　イ）電源装置の使い方を教え、今回は乾電池２個分（３V）の電気を流す。
　ウ）電気を流したら、ニクロム線には触れていけないことを話し、グループごとに実験をさせる。

ニクロム線
くぎ
木の板
電源装置

電気を流すとニクロム線が発熱する

③　乾電池２個でも、トレーをとかすくらい発熱することを確認した後、電気が流れると「発熱・発光する」ことを確かめるために次のことを見せる。
　ア）家庭用60Ｗ電球をスライダックスにつないで、電気の量を増やしていく。
　　だんだんと熱く・明るくなる。（なければ電源装置と豆電球を代用）

※　電気コンロなどでも、「発光する」様子を見ることができる。

イ）「シャープペンシルの芯に電気を流すとどうなるか」と聞き、実験する。

発熱して徐々に煙を出し、さらに電圧をかけると発光することがわかる。

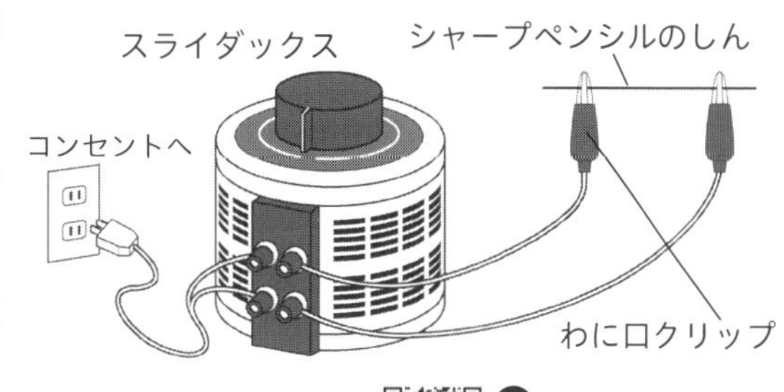

シャープペンシルの芯を発光させる動画

④　〈実験したこと・確かになったこと〉をノートに書く。

ノートに書かせたいこと

ニクロム線に電気を流してトレーをとかした。かん電池２個分でもこれだけ熱くなるとわかっておどろいた。シャープペンのしんも発熱・発光するか調べた。スライダックスという道具で電気を流していくと、まずしんからけむりが出て発熱していることがわかった。次に黒いしんが赤く光ったので、しんも発熱・発光することがわかった。しんには電気を通す炭素がふくまれていた。

エジソン電球に「日本の竹」

エジソンが電球を発明したことは広く知られていますが、その発明の７０年も前から、電気を利用して、明るく長持ちする電灯を作ろうと、多くの科学者が研究を重ねていました。エジソンもその１人で、当時は金属線に強い電気を流すと明るい光を出すことは知られていましたが、数秒間ですぐに焼き切れてしまい、実用化には程遠い状態でした。

数千回もの失敗を重ねた結果、「フィラメント」と呼ばれる細い発光体に適していたものは、意外にも金属ではありませんでした。それは「細い木綿の糸を炭にしたもの」でした。炭に電気を流すことで、明かりを40時間ほど長持ちさせられたのです。

その後、さまざまな実験を経て、日本の京都から送られてきた「竹炭」が発光体としてもっともいいとされました。そして電灯は大量生産されるようになったのです。

シャープペンのしんは、主に「黒鉛（こくえん）」という物質からつくられています。黒鉛は、炭素原子でできているため電気を流すと発熱・発光するのです。

電気をつくる・ためる・使う

第３時　手回し発電機で発電する

ねらい　**手回し発電機を回転させて、電気をつくることができる。速く回転させるほどたくさん電気がつくられる。**

準　備　・手回し発電機（できれば各１）　・ソケット付き豆電球　・LED　・ブザー　・モーター　・検流計

展 開

① 乾電池を使わないで、豆電球に明かりをつけられないかと聞く。屋外に太陽光パネルがあることや、手動式の発電機があるという話が出る。モーターの軸を回転させて電気を作る「手回し発電機」を見せ、自転車のライトにも回転させて明かりをつけるものであることを話す。(モーターに豆電球をつなぎ、ガムテープを巻いた割りばしで、モーターの軸をこすると明かりがつくシンプルな発電を見せてもいい)

「今日は電気をつくっていろいろなものにつないでみよう。」

課題③ 手回し発電機に、いろいろなものをつないで光らせたり動かしたりしてみよう。

② 手回し発電機のハンドルを回転させ、豆電球・LED・モーター・ブザーにつなぐ。いろいろ試しながら気づかせたいが、「回す速さ」「回す向き」によってどう変わるかなど事前に提示してもいい。

③ 気づいたことを発表する。

・ハンドルを速く回すと明るく光った。ブザーの音が大きくなった。

・LED は、回す向きによって明かりがつかないこともあった。

・ハンドルの回す向きを変えると、モーターは反対に回転した。

回路に検流計をはさみ、ハンドルを回転させたときの電流の大きさを見せる。

速く回すほど針が大きく振れ、反対に回すと針が反対にふれる様子を見せる。

○前時の発熱と合わせて、電気が「熱」「回転運動」(※ 1)「光」「音」(※ 2) に変わったことを確認する。

※1 「回転運動」としたのは、モーターの回転を表すため。

※2 一般的なスピーカーは、コイルに電気を流して発生した磁力によって振動が起こり音を出す。教科書では「電気が音に変わった」となっているが、磁力が生じていることを教師は知っておきたい。

④ 〈実験したこと・確かになったこと〉をノートに書く。

ノートに書かせたいこと

手回し発電機で電気をつくって、いろいろなものにつないだ。速く回転させると明るく光ったのは、それだけ電気がたくさん流れているからだった。反対に回すと、モーターも反対に回転した。電気は、光や音や運動に変わった。

⑤ つけたし

「次の物は、電気を流した時のどんな作用を利用しているか。」

1. アイロン(熱) 2. 洗濯機(回転運動) 3. 乾燥機(熱・回転運動)
4. エアコン(回転運動) 5. 電気ポット(熱) 6. 掃除機(回転運動)
7. ドライヤー(熱・回転運動) 8. 電気カーペット(熱) 9. こたつ(熱)
10. テレビ(光)

第４時　光電池で発電する

ねらい　**光電池に光をたくさん当てると、作られる電気の量が多くなる。**

準　備

・光電池　・前時で使った豆電球　・LED　・モーター（プロペラ付き）
・ブザー　・光源装置（いずれも各グループ）

展　開

① 前時の話にでた「太陽光パネル」はどんな所に使われているか聞く。建物の屋根についている、学校内の発電、ソーラーカー、交通標識、小さいものは電卓や時計。理科では、光を当てて電気を作る物を「光電池（こうでんち）」と呼ぶことを教える。

「信号機は外にあるのに光電池が使われていない、これはどうしてか？」と質問し、くもりや雨の日、夜などは発電できないことを押さえる。反対に、どんなメリットがあるか質問する。太陽が出ていればずっと発電できる、物を燃やさないため二酸化炭素を出さない、などがある。

課題④　**光電池に光を当てて、電気を作ろう。**

② 各グループに光電池を配り、＋極側と－極側を確かめる。前時で使った豆電球・LED、モーター、ブザーを光電池につなぎ、光源装置で光を当てる。

※晴れていれば、外に出てモーター（プロペラ付き）につなぐ。「もっと早く回転させてみよう」と言って、鏡を配る。３年生の「光集め」の要領で光電池に日光を集めると、プロペラが速く回ることがわかる。

※光電池の「直列・並列つなぎ」は、混乱をまねくため扱わないようにする。

③ 光電池の＋極と－極を入れ替えると電流の向きが反対になること、光電池のパネルを紙などで覆うと電気がつくられなくなることを確かめさせる。

④ 〈実験したこと・確かになったこと〉をノートに書く。

ノートに書かせたいこと

今日は、光電池を使って電気をつくった。豆電球とモーターはどちらもすぐにできたけど、ＬＥＤは明かりがつかなかった。光電池にも＋極と－極があって、向きを変えると電流の向きも変わった。鏡でたくさん光を当てたらプロペラが速く回った。パネルを紙でおおうと回転が止まった。

第5・6時　コンデンサーに蓄電し、放電する

ねらい　**蓄電池（コンデンサー）は、電気をため、放電することができる。**

準備

・コンデンサー　・手回し発電機　・豆電球　・LED　・モーター　・ブザー

展開

① 光電池の付いた道路標識（自発光標識）が増えてきていることを話す（右のような写真があれば提示する）。「日光が当たれば発電するから」という意見がでたら、「その標識は夜にも光っている」と話し、電気をためることができる「コンデンサー」を教える。

電気をためることを「蓄電」、ためた電気を使うことを「放電」と呼ぶことを教えてから課題を出す。

課題⑤　**コンデンサーに蓄電し、豆電球・LED・モーターにつないでどれがもっとも長く使えるか調べてみよう。**

② 簡単に予想してから、各自で調べる。

ア）コンデンサーに手回し発電機をつなぐ（極に気をつける）。

イ）同じリズムでハンドルを回す。20秒～30秒で蓄電される。

※1秒間3回転くらいがやりやすい。手拍子でリズムをとらせてから行うとスムーズにできる。

※この実験は、はっきりとした結果が出にくい。くり返し実験させて平均をとる方法もあるが、時間がかかる（LEDは3分～5分は光り続ける）。グループごとの平均を出させて、班ごとに言わせるといいだろう。豆電球やモーターに比べ、LEDが長い時間発光することがとらえられればいい。

③ 〈実験したこと・確かになったこと〉をノートに書く。

ノートに書かせたいこと

電気をためられるコンデンサーというものを使った。電気をためることをちく電、使うことを放電ということがわかった。同じくらいの電気をコンデンサーにためてから、豆電球・LED・モーターにつないだ。モーターはすぐに止まってしまい、豆電球も15秒くらいで消えたので、電気をよく使うことがわかった。LEDはまだ電気がついている。少ない電気で長く光るからエコだと思った。

④ つけたしの話 STEP UP!（消費電力の話）

第3時で紹介した1～10までの電気製品を振り返る。

実は、番号の数字が小さいほど、使う電気の量が多い製品になっている（あくまで目安）。家でブレーカーが落ちて停電になった経験もあるかと思う。一番の理由は、使用している全体の電気の量が、家で使える電気の量を超えたために起こる。一度に使用する電気器具を減らす必要がある、などの話をする。

「電気を利用したものづくり」、「プログラミング体験」の扱い（第７・８時）

電気を利用したものづくり

● ５社中、１社のみ「電気自動車（コンデンサー利用）」「電気を効率的に使う家（太陽光電池利用）」をものづくりに当てている。

● 市販の教材を購入した場合は、学習のまとめとして活用するといい。

プログラミング体験

● 現在のところ、多種多様な学習例がある。市区町村単位で教具を購入したり、ソフトやアプリをインストールしたりしているとも聞く。理科だけでなく、総合や算数など他教科との関連も図る必要がある。

● 各教科書の例

［大日本］「プログラムを体験してみよう（コンピューター）」
・明るさセンサーを使って、暗いときに明かりをつける。
・人感センサーと明るさセンサーを組み合わせる。　など

［東　書］「電気の有効利用」
・プログラミングをやってみよう（ＬＥＤをつけたり消したり）
・プログラムで、器具を動かす。　など

［学　図］「プログラムやセンサーの利用（コンピューター）」
・ＬＥＤを点滅させるプログラムづくり。
・身の回りにあるセンサー（動き、明るさ、温度）の整理。

［啓　林］「『プログラミング』を体験しよう（シート＆シールが付録）」
・電球の明かりをつける条件と動作の組み合わせ。
・コンピューターを使ったプログラミングの例。　など

［教　出］「電気の利用をコントロールしているセンサーについて調べよう」
・身の回りのセンサー調べ（光、温度、赤外線、ジャイロ）。
・「Scratch」ソフトを利用したプログラム体験。　など

●「ビジュアルプログラミング」と「アンプラグドプログラミング」

本来のプログラムは「コード」と呼ばれる命令のプログラミング言語を入力するが、小学校では命令を「ブロック」と呼ばれるイラストに置き換え、積み木のようにして重ねていく方法を用いる。インターネット環境があれば、比較的取り組みやすい。

一方、「アンプラグドプログラミング」とは、コンピューターを使わないプログラミングのことで、主にフローチャートを用いることが多い。例えば、計算の仕方や料理方法などを、紙媒体などを利用しフローチャートにすることでプログラミング的思考を養うことができるとしている。

単元について

「電気のはたらき」では、電気が流れた時のはたらきを中心に

３年生から始まる小学校の電気の学習は、豆電球に明かりをつけること（金属さがし）から始まり、４年生の回路、５年生の電磁石、そしてこの６年生の「電気のはたらき」で終わる。目に見えない「電気」を扱うため、子どもたちの思考の流れをとらえた授業を心がけたい。

天災等で停電になったニュースを聞くたび、いかに私たちの生活が電気に頼っているかを思い知る。朝起きてから布団に入るまで、寝ている間も電気はなくてはならないものになっている。そんな電気のはたらきについて、小学校では、何を、どこまで教えられるのか。

５年生で「電気が流れると磁力が生じる」ことを学んでいるため、６年生では「電気が流れると、発熱・発光する」が教えたいことの基本になる。電気が流れるとまずは発熱する、そしてさらに電流量が多くなると発光することは、実際に見て確かめられるため授業で扱いやすい。発電機や光電池、コンデンサーなどは生活での利用が増え、少しずつ身近になってきてはいるが、子どもたちにとってなじみはあまりない。パソコンやスマホなどのバッテリーは「リチウムイオン電池」が利用されているためコンデンサーとのつくりはまったく違う。消費電力を調べるために、多くのデータをとったはいいものの、結果がばらばらで、結局は教科書のまとめで確かめることになりがちなこれらの学習は、できることなら簡単に扱いたい。それらの代わりに、シャープペンの芯に電気を流しても発熱し発光することや「スライダックス（変圧器）」を用いて電球に電気を流していき、熱く・明るくなる様子を見せる。また「電気パン作り」などをして、電気が流れた時のはたらきをたっぷりと実感させたい。

プログラミングの扱いはまだ検討を要するが、あくまで「プログラミング的思考」の育成が目的であり、電気のはたらきを教えるものではないことは知っておきたい。

9．自然と人間

【目標】

人間も自然とのかかわりのなかで生きている。

(1) 生物は、食べる・食べられるというつながり（食物連鎖）のなかで生きている。

(2) 人間も、食物連鎖の影響を受けることがある。

(3) 陸上の豊かな森は、海の生物たちにとって必要なものである。

(4) 人間の生活が、地球環境を変えてきている。

【指導計画】　9時間

生物同士のつながり

(1)(2) 野生のメダカの食べ物 ……………2時間

(3) 自然界の食物網…………………………1時間

(4) 食べる生物、食べられる生物…………1時間

(5) 自然界の個体数のバランス……………1時間

(6) 人間と食物連鎖（水俣病）……………1時間

地球環境

(7) 森が海を育てる　………………………1時間

(8) 二酸化炭素と地球温暖化………………1時間

（※植物の光合成と酸素）

どうしても扱う必要がある場合は、ここで扱うといい。本書では省略。

(9) 工場や自動車などによる公害…………1時間

【事前準備】

(1) プランクトンが多く生息するビオトープのような池を見つけておく。ない場合は、小さい水槽にメダカを飼育し、水田の土（花だんの土）などを入れ、日光がよく当たるところに置いてプランクトンを発生させておく。

【学習の展開】

生物同士のつながり

第1・2時　野生のメダカの食べ物

ねらい **野生のメダカは、水中の微生物（動物プランクトン・植物プランクトン）を食べて生きている。**

準　備

・メダカを飼育している水槽〔事前準備の（1）〕　・生物顕微鏡　・スライドガラス
・カバーガラス　・ろ紙　・駒込ピペット　・ビーカー（300 mL程度）
・目の細かい網

展　開

① 水槽のメダカを見せ、人間が飼育するメダカは何を食べているか質問する。さまざまな成分の物があるが「人工エサ」ということを確かめた後、池などに住む野生のメダカがいることを話して課題を出す。

課題① **野生のメダカは、どんなものを食べて生きているだろう。**

② ノートに「自分の考え」を書く。

③ 考えを発表し、簡単に討論をする。※活動に時間をとるため、討論は簡潔にする。

・水の中の草（植物）などを食べている。
・水の中の小さな生き物を食べていると思う。「プランクトン」と聞いたことがある。
・何か食べていると思うけれど、わからない。

④ 調べる。

ア）「池の中に、小さな生き物がいるか確かめてみよう。」と言って校庭の池へ行き、ビーカー半分ほどの水をとる(ペアやグループ)。池の底の小石や落ち葉を水の中で振って洗ったり、目の細かい網ですくったりしてもいい。採取した水を光に透かして見ると、ミジンコやケンミジンコなど動物プランクトンが動いている様子を見ることができる。水が緑色をしていればミカヅキモやイカダモ・ミドリムシなどがいる可能性が高い。

イ）理科室へ戻り、2人1組になって水の中に小さな生き物がいるか顕微鏡で調べる。

ウ）小さい生き物が観察できたら、教科書で名前を調べさせる。(なかなか見つからないペアや自分たちと違う微生物が見つかったペアがいたら声をかけてどんどん見せていく。接眼レンズにカメラをつけて接写し、テレビに映すなどすることもできる。)

エ）ミジンコのように微生物のなかでも動いてエサを食べるものを「動物プランクトン」、ミカヅキモのように動かないで光合成をして生きているものを「植物プランクトン」と呼ぶことを教える。※ボルボックスやミドリムシのように鞭毛で動き回るものもあるが、ここでは光合成をするという視点で分けている。

オ)「動物プランクトンと植物プランクトンではどちらの数が多いかな？」と質問し、プランクトンの大きさ（倍率での比較）や、食べる食べられる関係から、植物プランクトンの方が多いことを確かめる。

⑤ 〈調べたこと・確かになったこと〉をノートに書き、数人に発表させる。

ノートに書かせたいこと

野生のメダカは水の中の小さな生き物を食べていることがわかった。池の水をとってけんび鏡で見ると、ミジンコやミカヅキモがたくさんいた。目には見えないくらいの小さな生き物には動き回る動物プランクトンと、光合成をする植物プランクトンがいた。

⑥ つけたしの話 STEP UP!

「では、メダカは食べられることがないか。」と聞く。「そんなことはない」と「ヤゴ・アメリカザリガニ・カエル」などこれまでの経験から意見が出されるだろう。自然界の中での、「食べる・食べられる関係」を「食物連鎖」と呼ぶことを教える。

第3時　自然界の食物網

※植物学習で扱っている場合でも、光合成を学習した後ということと、さまざまな生物を見る視点ということから扱いたい。

ねらい **自然界の食物連鎖は、網目のようにからみ合っている。**

準　備

・メダカの写真　・教科書

・「海の食物連鎖」のプリント

① 前の時間のメダカの写真を見せ、メダカとメダカを食べる生物がいたことを確かめる。食物連鎖を表すときは、「食べられる生物」から「食べる生物」へ矢印を引くことを教える。

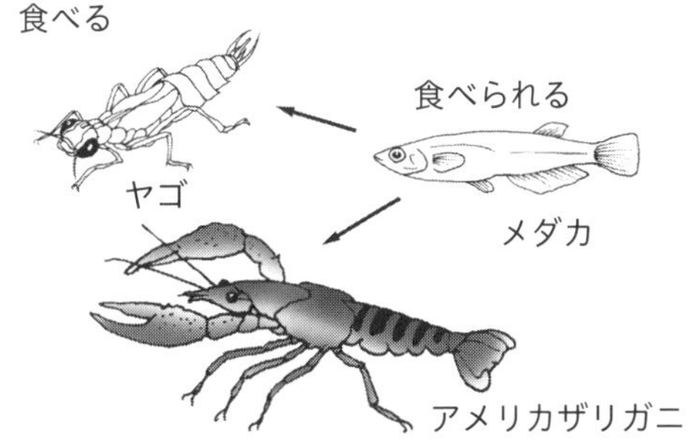

「次の動物の食べ物をたどっていくと、最後は何になるか考えてみよう」と言い、課題を出す。

課題② **動物（ライオン、マグロ、タカ）の食べ物をたどっていくと、最後は何になるだろう。**

② ノートに「自分の考え」を書く。最後は植物になるので、「植物はどうやって栄養をとっていた？」と聞きながら「光合成」で栄養をとることを押さえる。

・ライオン←シマウマ←草や木の葉

・マグロ←イワシ←動物プランクトン←植物プランクトン

・タカ←ヘビ←カエル←バッタ←草

③　発表をして、気づいたことを出し合う。

●同じ名前の生物は何度も板書せず、同じところから矢印を引くようにする。うまくいけば、子どもの意見をまとめていくと、板書が「網目」のようになる。

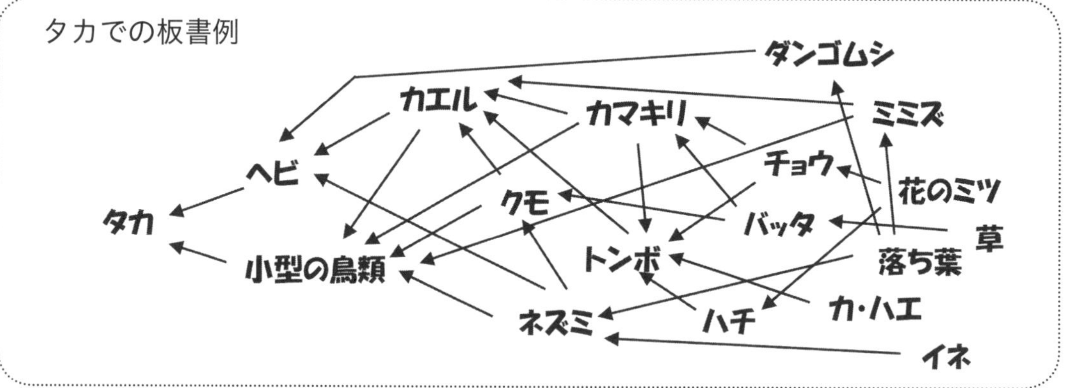

※教師は、ある程度の食物連鎖を知っておく必要がある。

詳しい子どもがいれば、どんどん意見を聞いてもいい。

・食べものをたどると最後は植物になる。植物の栄養を動物が食べている。

・体が大きい動物から、だんだん小さい動物になっている。すると数が増えていく。

・肉食の動物と草食の動物がいる。

・生物の関係が、網のように関わりあっている。

④　調べる。（イの活動を中心に行う）

ア）教科書でさまざまな食物連鎖の様子を見る。

※『教出』『東書』は教科書に矢印を書きこめるような図になっている。

※『啓林』は食物網を意識した図になっている。

他の動物を食べる「肉食動物」と、植物を食べる「草食動物」を教える。

イ）「海に食物連鎖はあるかな。」と聞いて、次ページの図を配り、食物連鎖の矢印を書きこませる。

ウ）森林や海には食物連鎖があるが､実は鎖のような１つながりではなく「網の目」のように互いが関わりあっていることがわかる。これを「食物網（しょくもつもう）」と呼ぶことを教える（板書)。

⑤　〈調べたこと・確かになったこと〉をノートに書き、数人発表させる。

ノートに書かせたいこと

動物の食べ物をたどっていくと､最後は植物にたどり着いた。植物は光合成をして栄養をとっていたから日光や水が大切とわかった。自然界の食物連さは、肉食動物が草食動物を食べて、草食動物は草を食べていた。たとえば、ヘビはタカやイタチに食べられたり、動物プランクトンはイワシやサバ、クジラなどに食べられたりしていて、あみの目のようにからみ合っていた。これを「食物もう」と呼ぶことがわかった。海にも食物連さがあった。

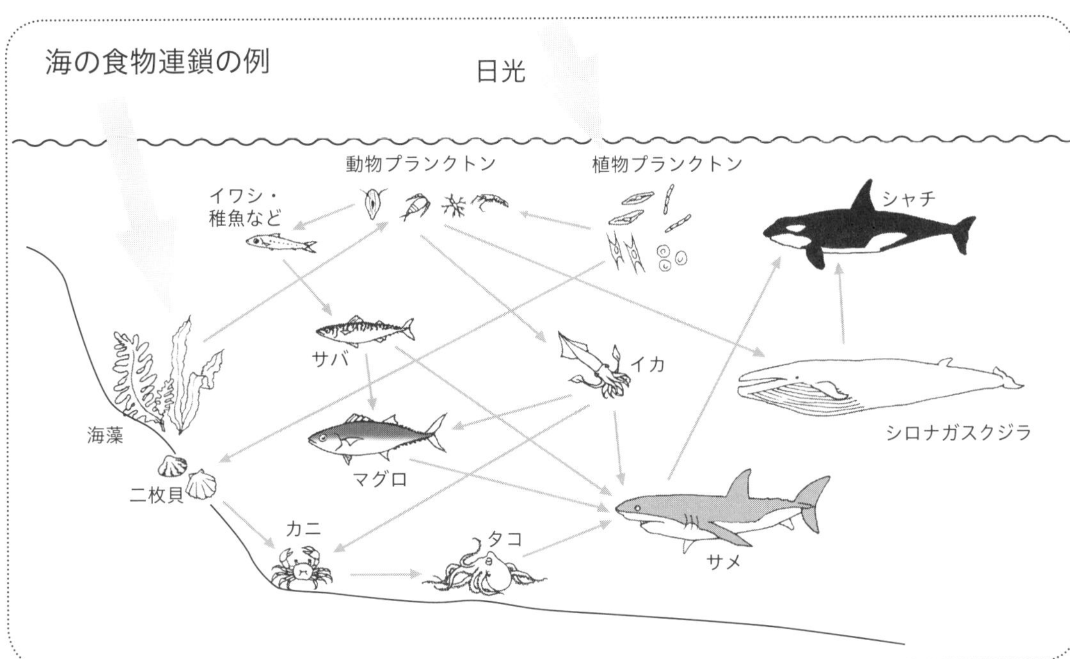

⑥ つけたしの話 STEP UP!

「海にたくさんの小さなプラスチックがあったらどうなるか？」と聞く。

小さな生物が食べ物と間違えてマイクロプラスチックを食べると消化されないまま体内に残ってしまう。その生物を小形の魚が 10 匹食べたとすると、10 倍のマイクロプラスチックが体内に残る。さらにその小形の魚を 10 匹食べた中形の魚の体内には、10×10 で 100 倍の量のマイクロプラスチックが残ってしまうことを話す。

ここでは、1 つ 1 つは小さなごみでも、食物連鎖や食物網によって、体内での量が増えていってしまうことに気づかせたい。

第 4 時　食べる生物、食べられる生物

ねらい 食べる生物より、食べられる生物の数が多い。

準 備

・「イネをめぐる食物連鎖」プリント　・「逆効果をまねいた農薬散布」プリント
（『教科書よりわかる理科　小学 6 年』 江川多喜雄 監修　高田慶子 編著　合同出版）

展 開

① 資料「イネをめぐる食物連鎖」のプリントを配る。（次ページ）

「この図は長野県のとある水田の食物連鎖を表した図です。ヨコバイというイネを食べてしまう害虫がいます。米農家の人は、害虫をやっつけるために農薬をまきました。10 年後、ヨコバイの数を調べると、10 年前よりもおよそ 2500 倍に数が増えてしまったことがわかりました。」

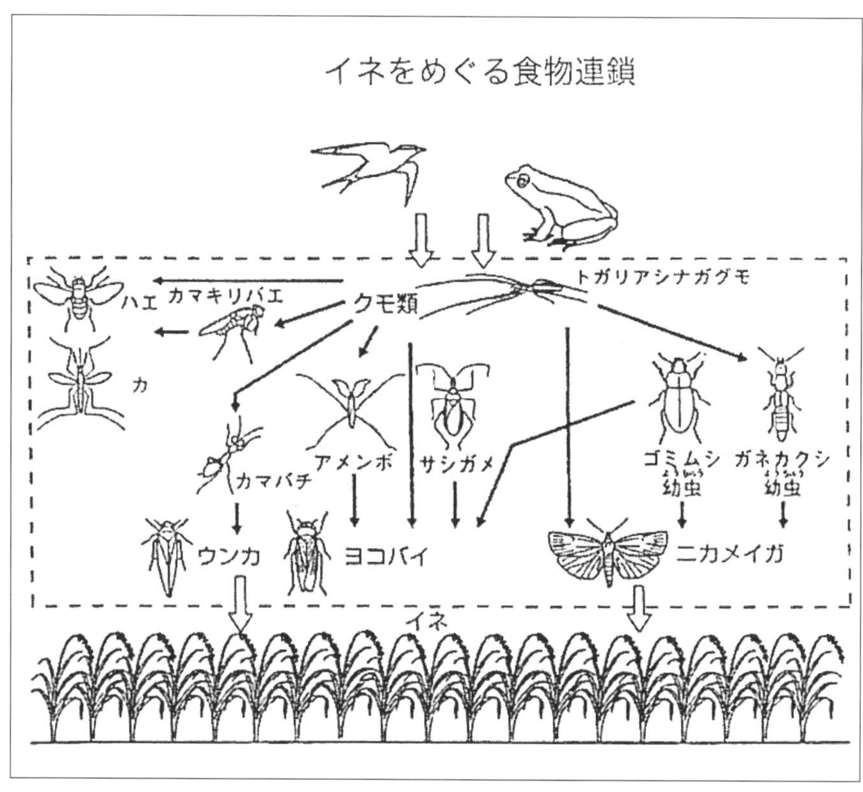

『教科書よりわかる理科　小学６年』　江川多喜雄 監修　高田慶子 編著　合同出版より

課題③　イネの害虫を殺す農薬をまいたのに、害虫が増えてしまったのはどうしてだろう。

② ノートに「自分の考え」を書かせ、発表する。討論。

・ヨコバイが農薬に慣れてきて、仲間を連れてきた。

・ヨコバイは死んでしまうと思って、死ぬ前に卵をたくさん産んだ。

・ヨコバイだけでなく、ヨコバイを食べるクモなども殺してしまった。

③ 〈友だちの意見を聞いて〉を書く。

④ 資料「逆効果をまねいた農薬散布」を配り、読む。(次ページ)

⑤ 〈調べたこと・確かになったこと〉をノートに書き、数人に発表させる。

ノートに書かせたいこと

ヨコバイが増えてしまったのは、農薬がヨコバイを食べるクモやカエルも殺してしまったからだった。ヨコバイを食べる動物がいなくなったのだ。1年で32億ひきも増えて、クモは500ぴきぐらいしか増えないのでどんどんヨコバイが増えてしまったことがわかった。自然界は食物れんさで生物のバランスがとれているので、人間が勝手に農薬をまいたりしない方がいいと思った。

逆効果をまねいた農薬散布

ウンカ、ヨコバイやニカメイガは、イネの害虫です。そこで、これらを退治するために農薬を散布したのです。6～7月に農薬散布をした水田で、8月に大発生をしました。

なぜ、ウンカ、ヨコバイやニカメイガなどが増えてしまったのでしょう。農薬散布は、これらの害虫といっしょに、クモやカエルなども殺しました。食べる動物がいなくなったので、食べられる動物の害虫たちの中で、生き残ったものがどんどん増えたのです。

ヨコバイは、クモよりもずっと農薬に強いので、生き残るものも、クモより多かったでしょう。それに、ヨコバイは、1年に32億ひきにも増えるのに、クモは500ぴきほどしか増えません。クモは、よくヨコバイを食べるのですが、生き残ったクモがいくら食べても、ヨコバイが増えるのをおさえることができません。

農薬をまいたのに害虫が大発生したのは、水田の食物連鎖の鎖を切ってしまったからでした。自然界では、食物連鎖によって生物たちのバランスがとれているのです。

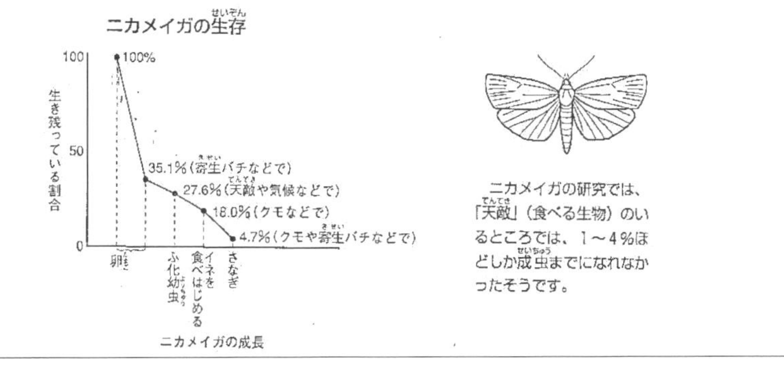

『教科書よりわかる理科　小学6年』 江川多喜雄 監修　高田慶子 編著　合同出版より

第5時　自然界の個体数のバランス

ねらい　**自然界の生物は、食物連鎖によって個体数のバランスがとれている。食べられる生物の数は、食べる生物の数よりも多い。**

準　備　・資料「茂床島のウサギ」「1羽のフクロウがひと夏で食べる量」（『理科写真資料集　6年』日本標準）

展　開

① 昭和42年頃、岡山県の茂床島（もとこじま）という緑豊かな島に30匹のウサギを放ちました。この島にはウサギを食べてしまう天敵がいませんでした。

課題④　**数年後、ウサギの数はどうなっていっただろうか。食物連鎖から考えよう。**

② ノートに「自分の考え」を書かせ、発表する。討論。

・天敵がいないために、ウサギの数は増えていった。

・天敵がいなかったけど、ウサギ同士で争うようになって数は変わらない。

・ウサギが増えていき食べるエサが無くなったために、ウサギの数は減っていった。

③　〈友だちの意見を聞いて〉をノートに書く。

④　調べる。

ア）下の資料を読む。

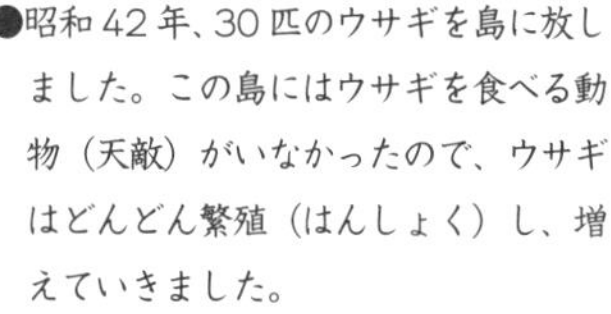

●昭和42年、30匹のウサギを島に放しました。この島にはウサギを食べる動物（天敵）がいなかったので、ウサギはどんどん繁殖（はんしょく）し、増えていきました。

●１年間で約500匹に増えたウサギは、緑豊かな島の草を食べつくしてしまいました。そしてササや木の葉、ついには木の皮まで食べるようになりました。

●ウサギ全体に必要な量の食べ物がなくなり、食べ物を食べられなくなったウサギは次々に死んでいきました。増えすぎたウサギの数は自然に減っていったのです。

『理科写真資料集　６年』 日本標準　を参考に図版化

イ）資料「１羽のフクロウがひと夏で食べる量」を配る。

体重600gのフクロウ１羽が、ひと夏で食べるハタネズミはおよそ100匹で、100匹のハタネズミが食べるイネなどの穀物はおよそ1000kgと言われている。

このように食べる生物の数より食べられる生物の量ははるかに多く、全体はピラミッド型になっている。これを「食物ピラミッド」と呼ぶ。

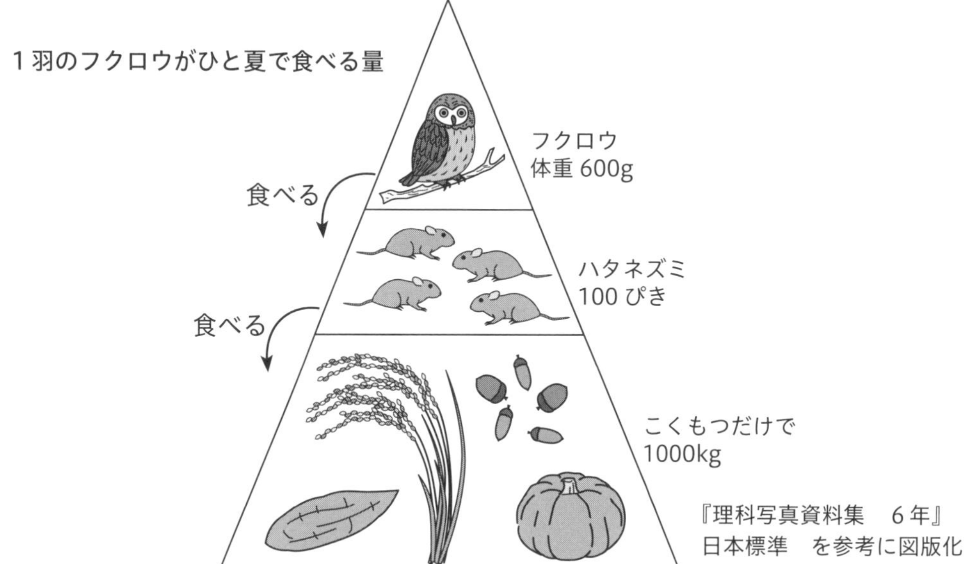

『理科写真資料集　６年』
日本標準　を参考に図版化

⑤ 〈調べたこと・確かになったこと〉をノートに書く。

ノートに書かせたいこと

ウサギは１年間で500ぴきにふえたけど、増えすぎてしまったので食べ物が無くなり、数がどんどん減っていったことがわかった。自然界は、食べる生物より食べられる生物の数が多くなっていた。

第６時　人間と食物連鎖（水俣病）

ねらい　**人間も、食物連鎖の影響を受けることがある。**

準　備

・水俣病患者の写真　・資料「魚の大量死」「水俣病の原因は？」（『教科書よりわかる理科　小学６年』 江川多喜雄 監修　高田慶子 編著　合同出版）

展　開

① 水俣病患者の写真を見せながら、水俣病の話をする。

「1953 年頃から、熊本県水俣市沿岸の漁民たちに「水俣病」とよばれる病気にかかる人が大勢いました。脳や神経がおかされるため、手の指が曲がる、目がよく見えなくなる、寝たきりになる、やがて命を落とすという恐ろしい症状でした。後日、水俣病の原因は、工場が川に流した有機水銀が体内に入ったからとわかりました。」

課題⑤　**工場が流した有機水銀は、どのようにして人の体の中に入ったのだろう。**

② 〈自分の考え〉を書き、発表する。討論。

③ 〈友だちの意見を聞いて〉を書き、数人発表。

④ 調べる。

ア）「魚の大量死」「水俣病の原因は？」を読む。

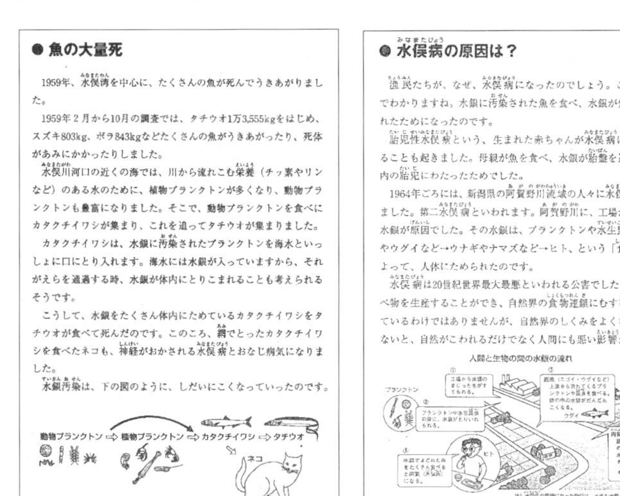

● 魚の大量死

1959年、水俣湾を中心に、たくさんの魚が死んでうきあがりました。

1959年２月から10月の調査では、タチウオ1万3,555kgをはじめ、スズキ803kg、ボラ843kgなどたくさんの魚がうきあがったり、死体があみにかかったりしました。

水俣川河口の近くの海では、川から流れこむ栄養（チッ素やリンなど）のある水のために、植物プランクトンが多くなり、動物プランクトンも豊富になりました。そこで、動物プランクトンを食べにカタクチイワシが集まり、これを追ってタチウオが集まりました。

カタクチイワシは、水銀に汚染されたプランクトンを海水といっしょに口にとり入れます。海水には水銀が入っていますから、それがえらを通過する時、水銀が体内にとりこまれることも考えられるそうです。

こうして、水銀をたくさん体内にためているカタクチイワシをタチウオが食べて死んだのです。このころ、網でとったカタクチイワシを食べたネコも、神経がおかされる水俣病とおなじ病気になりました。

水銀汚染は、下の図のように、しだいにこくなっていったのです。

● 水俣病の原因は？

漁民たちが、なぜ、水俣病になったのでしょう。これまでの話でわかりますね。水銀に汚染された魚を食べ、水銀が体内にためられたためになったのです。

胎児性水俣病という、生まれた赤ちゃんが水俣病にかかっていることも起きました。母親が魚を食べ、水銀が胎盤を通して、子宮内の胎児にわたったためでした。

1964年ごろには、新潟県の阿賀野川流域の人々に水俣病が発生しました。第二水俣病といわれます。阿賀野川に、工場がたれ流した水銀が原因でした。その水銀は、プランクトンや水生昆虫→ニゴイやウグイなど→ウナギやナマズなど→ヒト、という「食物連鎖」によって、人体にためられたのです。

水俣病は20世紀世界最大最悪といわれる公害でした。人間は、食べ物を生産することができ、自然界の食物連鎖にむすびついて生きているわけではありませんが、自然界のしくみをよく考えて生活しないと、自然がこわれるだけでなく人間にも悪い影響が出るのです。

『教科書よりわかる理科　小学６年』 江川多喜雄 監修　高田慶子 編著　合同出版より

⑤ 〈調べたこと・確かになったこと〉をノートに書く。

ノートに書かせたいこと

水俣病が起こった原因は、食物れんさが関係していた。工場が川に流した有機水銀を取り入れた植物プランクトンを動物プランクトンが食べ、それを小さい魚が食べ、今度は大きな魚が食べて、最後に人間が有機水銀をふくんだ魚を食べてしまったということだった。私は自然界の食物れんさは自分に関係ないと思っていたけど、人間も自然の物を食べて生きているので気をつけないと食物れんさで自然をこわしてしまうと思った。

⑥ つけたしの話 STEP UP!

「福島の原子力発電所の事故（2011年3月11日、東日本大震災発生）で、アユやコウナゴを食べなくしたのは？」

福島の原子力発電所が爆発して、セシウムなどの放射性物質がまき散らされました。放射性物質は放射線を出します。これが体の中に入ると、放射線がガンなどの病気を起こすはたらきをします。

放射性物質は、地上にも、川や海にも降りました。雨が降ると地上のものを流して海に注ぎますので、川や海の水に放射性物質が多くなります。そのため、アユなどの川魚やコウナゴなどの海の魚に放射性物質が多く入ったため、食べることができなくなりました。

また、海の底の泥に放射性物質が含まれると、海藻→小魚→大きい魚という食物連鎖で肉食の魚にも取り込まれ、濃くなると考えられます。

水産庁は福島の海や川では魚の放射性物質の量を調べて注意しました。2011年6月21日、水産庁は福島沖の東の海域でカツオを調べた結果、放射性セシウムの量が基準の100分の1程度であったことから、東経147度より東の海域の漁を解禁にしました。

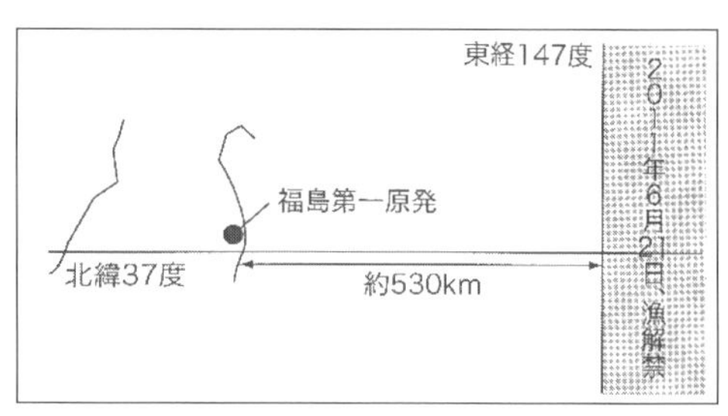

コラム Column

マイクロプラスチックと食物連鎖

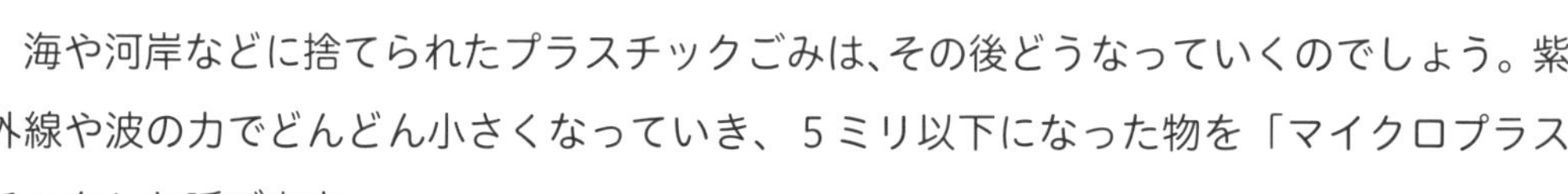

海や河岸などに捨てられたプラスチックごみは、その後どうなっていくのでしょう。紫外線や波の力でどんどん小さくなっていき、5ミリ以下になった物を「マイクロプラスチック」と呼びます。

マイクロプラスチックは回収することが困難なため、いつまでも海中に存在し続け、小魚や貝が体内に取り込んでしまうのです。一部は排泄されますが、また海中を漂うことになるため減ることはありません。プラスチックに含まれる有害な化学物質などは体内の脂肪や肝臓などにたまっていくため、それらの生物を食べると人間が間接的に取り込んでしまうことも十分に考えられるのです。

プラスチックのストローを減らしたり、買い物袋を有料化したりするなど近年さまざまな対応が見られます。人間が便利さのために利用していたものが、環境を破壊し、自然界の生物のくらしをおびやかしていることを知っておきたいものです。

地球環境

第７時　森が海を育てる

ねらい　**陸上の森も、海の生物たちと関係がある。**

準　備

・『さかなの森』（松永勝彦　フレーベル社）の「海の砂漠」（p30 ～ 31）の写真

・『よみがえれ　えりもの森』（本木洋子　高田三郎　新日本出版社）

※　図書が手に入らなければ、インターネットで「海の砂漠」を検索すると海底が白くなった写真があるので、授業ではそれを活用してもいい。

展　開

①　地球上のどんな環境問題を知っているか聞く。「地球温暖化」「森林伐採」「大気汚染」などが挙がる。「海の砂漠」の写真を見せる。「もともとはサンゴや海藻などが豊かにあった海底がこのようになって、日本の沿岸で魚がとれなくなった所ができた。これはどうしてだろう。」と話して課題を出す。

課題①　**日本の沿岸が砂漠のようになって魚がとれないことが起きている。これはどうしてだろうか。**

②　〈自分の考え〉をノートに書き、発表する。討論。

・海藻が魚たちに食べられてしまったから。魚が増えたから？

・工場から出た排水が海へ流れ出て、海藻も生きられなくなった。

・人間が、海藻をとりすぎてしまった。

●ある程度意見が出たら、「工場排水などで有害なものは流れていないこと」を伝える。環境問題の視点から、海藻がなくなる「砂漠化」は、何か別の原因がある !? と考えさせたい。

③　〈友だちの意見を聞いて〉をノートに書き、数人発表。

④　調べる。

ア)『さかなの森』の『海と森をつなぐ川』を読む。

イ)『よみがえれ、えりもの森』を読む。

※ NHK for school デジタルクリップの映像を見せるとさらにわかりやすい。

「豊かな海をつくる森」(1分24秒) は、海と森との関係を紹介している。

「つながる海と山」(2分30秒) は、ブナの植林活動の様子がわかる。

⑤〈調べたこと・確かになったこと〉を書き、数人発表する。

ノートに書かせたいこと

海に魚や海そうなどがいなくなることを「海の砂ばく化」と言うことがわかった。みんなで原因を考えた。確かになったことは、森林のばっ採によって森がなくなったからだった。そうすると、チッソやリンなどの栄養分が海へ流れ出なくなり、海のプランクトンが減っていった。豊かな海は森が作り出していたから、おどろいた。

第8時　二酸化炭素と地球温暖化

ねらい　**地球温暖化の原因の1つの二酸化炭素は、人間の活動によって増えている。**

準　備

・「空気中の二酸化炭素の体積の割合の変化」プリント

・読み物「大気中に二酸化炭素が増えるのは?」

展　開

①　右の図(「学図」の教科書に掲載)を印刷して配る。

資料名を確認して、どんなことがわかるか話し合う。

※「啓林」「東書」には、似たようなグラフがあるので、コピーして使うことができる。

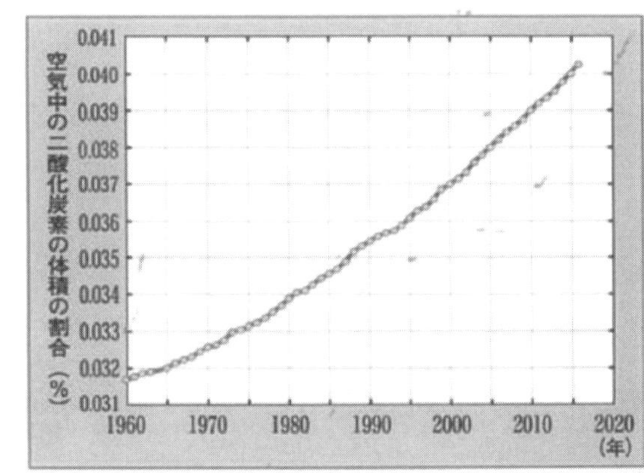

ハワイで測定された、空気中の二酸化炭素の割合の変化

・1960年から二酸化炭素の割合がずっと増えている。

・2015年には、二酸化炭素が0.4%にまで増えている。

・このままいくと、さらに増え続けていくだろう。

課題②　**空気中の二酸化炭素の量が増え続けている理由は何だろうか。**

②　〈自分の考え〉を書き、発表。討論。

これまでの学習から、

・物を燃やした時に酸素が使われ二酸化炭素が排出される。

・電気を作る発電所の中に「火力発電」という燃やした時のエネルギーを利用しているものがある。

・植物の減少によって、二酸化炭素を吸収し、酸素を排出する活動が減っている等の意見が出されるといい。「人口が増えたから、人間が二酸化炭素を多くはきだす」という理由も出るかもしれない。

③　〈友だちの意見を聞いて〉を書き、数人発表。

④　調べる。

ア）読み物「大気中に二酸化炭素が増えるのは？」(⇨ p.164) を配り、読む。

大気中に二酸化炭素が増えるのは？

空気は私たちの周りにあるだけでなく、数万メートルの厚さで地球を包んでいます。この空気全体を「大気」と言います。空気は主に窒素と酸素の混合気体で、わずかに二酸化炭素をふくんでいます。

私たちはじめ、動物も植物も、生物はみんな酸素を吸って二酸化炭素をはき出す「呼吸」をして生きています。生物が酸素を吸い続けると、大気中の酸素が無くなってしまうはずなのにそうなっていません。なぜでしょう。

これには、植物が大きな役割を果たしているのです。植物は光合成をして栄養物(でんぷん) を作っています。この材料が水と二酸化炭素なのです。植物は日光の当たっている昼間、根から吸い上げた水と気孔から取り入れた二酸化炭素を原料として栄養物を作ります。その時、一緒に酸素もできるので、それは外に捨てています。植物は日光が当たっているとき生物が出した二酸化炭素を使い、葉でできた酸素を大気中に出しているのです。これによって、大気中の酸素の割合がいつも一定しているのです。

では、大気中に二酸化炭素が増えてきたのはなぜでしょう。次の資料を見ると、主な発生源として「化石燃料の燃焼」「森林のばっさい」が挙げられます。化石燃料とは、石炭や石油のことで、もとは動物や植物からできたものです。それら

物質名	主な発生源	割合（%）
二酸化炭素	化石燃料の燃焼 森林のばっさい	６０
フロン類	スプレー類	１４
メタン	水田、家畜 し尿処理場	１９
一酸化二窒素	化石燃料の燃焼	6

表は『生物図録』「温暖化の原因となる物質（温室効果ガス）」鈴木孝仁 監修　数研出版より

を燃やし、私たち人間は生活を豊かにしてきました。また森林を切り開き、道路や都市、高層ビルなどの建物を作ってきたことも原因の一つと言えるでしょう。

地球温暖化が進むことで、北極などの氷がとけて海面上昇が起こり、海に沈んでしまう陸地（国）も出てきてしまいました。激しい日照りや集中ごう雨などの異常気象、それによる農作物の被害なども毎年ニュースになります。

このようなことにならないために、どのようにしていったらいいでしょう。地球規模で考えなくてはいけない問題であると考えます。

イ）NHK for school デジタルクリップ「自然界の二酸化炭素」（1分35秒）を見る。

⑤〈調べたこと・確かになったこと〉をノートに書く。

ノートに書かせたいこと

二酸化炭素の量が増え続けているのは、石油や石炭を燃やすことや、森林をばっさいすることが大きな原因だった。自然は酸素と二酸化炭素の量をバランスよくするしくみがあるのに、人間がそれをこわしていた。最近は、とても強い台風やゲリラごう雨がよく起こる。それも地球温暖化が原因かもしれないと思った。

第9時　工場や自動車などによる公害

ねらい　**工場や自動車から出る排気ガスが水にとけて「酸性雨」が降る。**

準　備

・集気びん　・ふた　・燃焼さじ　・イオウ　・酸素　・青色リトマス紙　・マッチ

展　開

①「酸性雨」という言葉を聞いたことがあるか質問する。

課題③　**酸性雨が降るのは、どうしてだろう。**

②〈自分の考え〉を書き、発表する。簡単に話し合う。

- 水溶液で酸性を勉強したとき、酸物質が水にとけたものが酸性だったから、何かが雨にとけている。
- 雨に酸の物質がとけたものが酸性雨。
- 二酸化炭素は酸性だったから、二酸化炭素が雨にとけていると思う。
- それなら昔から酸性雨が問題になっているはずだ。

③〈友だちの意見を聞いて〉を書き、数人発表。

④　実験をする。（⇨ p.55 実験動画参照）

ア）教科書で酸性雨をとり上げているページを読む。（「水溶液」でとり上げている）

イ）酸性雨の原因は「二酸化硫黄」（板書）であることを話して、今から酸性雨をつくってみると話す。（理科室を十分に換気する。）

1. 集気びんに水上置換で酸素を捕集する。水を少量残しておく。
2. 燃焼さじにイオウをとり、マッチで点火する。
3. 点火したイオウを集気びんの中に入れる。青い炎を出して激しく燃える。
   炎が小さくなったら、燃焼さじを取り出し、水中に入れる。
4. 集気びんにふたをしてよくふる。イオウが燃えてできた「二酸化イオウ」が水にとけて酸性の水溶液になる。ガラス棒で青色リトマス紙につけると、濃い赤色になる。
5. 工場や自動車などの排気ガスには、二酸化イオウが含まれている。それが雨水にとけると「酸性雨」になることを教える。

⑤〈実験したこと・確かになったこと〉をノートに書く。

ノートに書かせたいこと

酸性雨は、二酸化イオウが雨にとけた物だった。工場や車から出るはい気ガスが雨に混ざって酸性になっていたことがわかった。イオウを酸素の中で燃やしたらきれいな青色のほのおが上がった。燃えた時酸素と結びついて二酸化イオウができて、水にとかしたら青色リトマス紙が赤色になった。強い酸性雨だと、植物にもえいきょうがあるとわかった。

⑥ つけたしの話「光化学スモッグってなに？」

光化学スモッグとは、「光化学オキシダント」という物質の濃度が高くなり、大気に白い「もや」がかかる現象のことです。光化学オキシダントは、自動車や工場などの排気ガスの成分が、太陽の強い光に反応して作られるものです。春から秋までの日差しが強く、気温の高い日に、光化学スモッグは発生しやすくなります。

光化学オキシダントを吸い込みすぎると、目が痛んだり、呼吸が苦しくなったりするなどの影響がでるため、「光化学スモッグ注意報・警報」がでたら、体内にとり入れないようにしなくてはいけません。

単元について

「自然と人間」では、豊かなつながりを大切に

「森は海の恋人」という合言葉のもと行われた、漁師による植林活動がある。これは「森 - 川 - 海は１つのものなのだ」という考えで、森林から流れ出る栄養分が、結果としてさまざまな生物に富んだ豊かな海を形成することを意味している。

「SDGs（エス・ディー・ジーズ)」という「持続可能な開発目標」の略称の言葉をよく聞く。新しい教科書でも、５社中３社が読み物や調べ学習として、３月の学習に位置付けている。しかし、なぜ環境問題が引き起こされているのか、図入りの説明があるだけで、その原因を課題にしていないものが多い。これでは、人間のくらしと環境問題とのかかわりが薄くなり、自然界と人間とのつながりがあまり見えてこない。私たち大人が引き起こした問題を子どもたちに押しつけてはならないが、未来を生きる子どもたちにもその実態を知って考えてほしいと思い､「食物連鎖」を学習の中心にした今回の授業展開を考えた。

また、福島第一原発の事故でおきた放射性物質による被害も、食物連鎖の視点からみると私たちの生活に直結しているため、できることなら扱いたい。３月になるとニュースやテレビ番組などで目にする機会も増える。食物連鎖を学んだ子どもたちと話し合ってもいいと思う。

なお、今回の指導要領の改訂によって、微生物の学習が５年生「メダカの繁殖」から６年生に移行した。観察をさせると２時間はかかってしまうが、通常は飼育するメダカを「食べる・食べられる関係」で観察することは、子どもたちにとって新鮮であると思う。

Column（コラム）

放射性物質ってどんなもの？

目に見えない放射線（α線やβ線）を出す物質のことを「放射性物質」と呼びます。地球上には常に放射線がありますが、必要以上の線量を浴びてしまうと人体には有害になってしまいます。

放射線は物質の細かな隙間を通り抜ける性質があるため、左図のような防護服を着ても短時間しか過ごせません。原発の事故ではヨウ素やセシウムなど、ばく大な量の放射性物質が放出され、自然界に大きな影響を与えました。

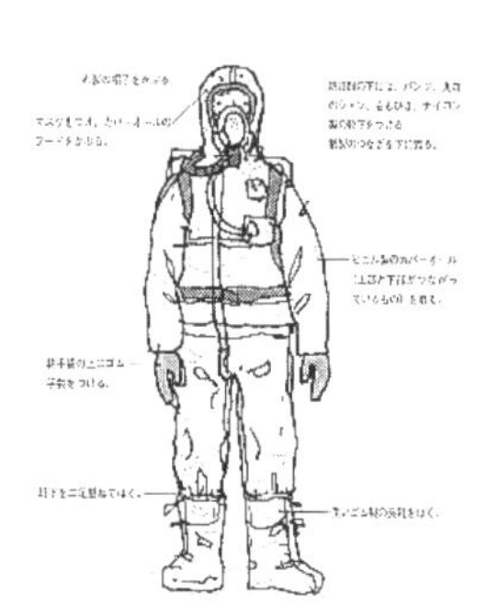

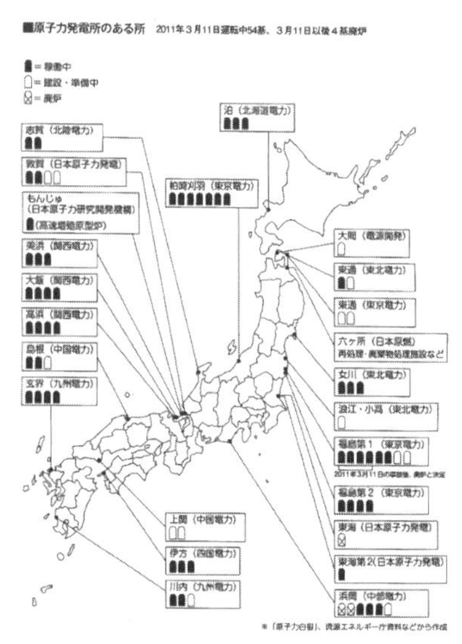

図は『教室で教えたい放射能と原発』 江川多喜雄・浦辺悦夫 著　いかだ社より

おわりに

学校によっては理科の授業は理科専科が受け持っていることがあり、学級担任をしていると、理科の授業の経験がない場合があります。しかし、理科専科のいない学校に異動をすると、授業を持つことになります。私も異動した先で理科の授業を受け持たなければならないことになりました。授業のための実験や観察の準備が大変な割りに、教科書通りにやっていても何か面白くなく、子どもたちと学習したことを共有し、共感し合えているという充足感が感じられませんでした。

市の研究奨励校の研究で理科の研究をやることになり、この本の前回の執筆者である江川多喜雄先生に3年間講師として来ていただきました。研究日には、江川先生はたくさんの実験道具や資料を持ってきて、自然科学の基礎的な事実や法則・概念を教えてくださいました。一緒に授業案作りをするなかで、単元のめあてをはっきりすること（到達目標）、そのめあてを達成するためにどんな順序で指導していくのか、1時間ごとのねらいや課題をどうするのか、そのためにどんな実験や観察をするのか、といった授業を進めていくための基本を学ぶことができました。その結果、授業をする私も楽しかったし、子どもたちも理科の授業を楽しみにしてくれるようになりました。

毎時間ノートに書かれる「実験したこと確かになったこと」の文章も自分の言葉で書き綴れるようになっていき、学習したことをみんなで共有したり、共感して聞き合うことができるようになっていきました。

このような経験を理科の授業をどうしたらいいか悩んでいる先生方にもしてもらいたいと思い、この本を江川先生から引き継いで書かせていただきました。研究会で、「初めて高学年の理科を教えることになった」とか「どう教えていいのか分からないので参加した」という話をよく聞きます。研究会の最後には「明日から少しでもこのやり方で実践してみたい」とか「学年の先生と相談して、やれそうなところからやってみたい」という前向きな感想をいただきます。

このシリーズの執筆者である私たちは、科学教育研究協議会をはじめとするさまざまなサークルに参加しています。そのなかで検討し、実践し、さらに分析、検討してきた成果が本書に生かされていると自負しています。

「やれそうなところからやってみる。」

ぜひ、「子どもたちにとってよくわかる楽しい授業をはじめる一歩を」と願っています。

2020年3月　宮﨑　亘

著者●

長江　真也（ながえ・まさや）

本書第５章（2）(4)(8)(9）執筆

埼玉県公立小学校教諭　科学教育研究協議会会員　自然科学教育研究所所員

宮﨑　亘（みやざき・わたる）

本書第１～４章・５章（1）(3)(5)(6)(7）執筆

東京都公立小学校教諭　科学教育研究協議会会員　自然科学教育研究所所員

参考文献●

『本質がわかる・やりたくなる　理科の授業　６年』（江川多喜雄 著／子どもの未来社）

『基礎的な内容を楽しく学ぶ　理科６年の授業』（江川多喜雄 編著／星の環会）

『教科書よりわかる理科　小学６年』（江川多喜雄 監修／高田慶子 編著／合同出版）

『小学校　理科の学力』（江川多喜雄 著／子どもの未来社）

『どう変わる　どうする　小学校理科新学習指導要領』（小佐野正樹・佐々木仁・高橋洋・長江真也 著／本の泉社）

『これが大切　６年　小学校理科』（小佐野正樹 編／本の泉社）

『地震学校　先生たちの神戸大地震』（嶌本格 他著・江川多喜雄 編著／星の環会）

『理科教室』（科学教育研究協議会 編集／本の泉社）

『理科写真資料集　６年』（日本標準）

『改訂版　視覚でとらえるフォトサイエンス　生物図録』（鈴木孝仁 監修／数研出版株式会社）

『教室で教えたい放射能と原発』（江川多喜雄・浦辺悦夫 著／いかだ社）

『２本足と４本足』（香原志勢／福音館書店）

『さかなの森』（松永勝彦／フレーベル社）

本質がわかる・やりたくなる　新・理科の授業　６年

2020年10月14日　第１刷印刷
2020年10月14日　第１刷発行

著　者●長江　真也・宮﨑　亘
発行者●奥川　隆
発行所●子どもの未来社
〒113-0033　東京都文京区本郷 3-26-1 本郷宮田ビル４F
TEL：03-3830-0027　FAX：03-3830-0028
振替　00150-1-553485
E-mail：co-mirai@f8.dion.ne.jp
HP：http://comirai.shop12.makeshop.jp/

印刷・製本●株式会社 文昇堂

ISBN978-4-86412-171-2　C0037

編集●高原良治
本文イラスト●いなみさなえ
●松田シヅコ
デザイン・DTP●シマダチカコ
制作協力●（株）京北